말을 건네는 시간들

말을 건네는 시간들

안 인 숙

한 솔

글은 왜 쓰는가?

삶의 어느 시기에나 해결해야 하는 과제가 있다. 그때마다 힘껏 달려왔다고 생각했으나, 무언가 부족하고 미진하다. 삶은 무수한 물음표 투성이다. 풀 수 없는 상징기호들로 가득하다.

타인의 지혜로 메우려고도 해 보았지만, 책이 주는 지혜는 메마른 논밭에 내리는 여우비 같은 것이었다. 삶의 목적을 확실히 하고, 거기서 가치를 찾고 싶다는 갈증은 탄탄로스처럼 해결될 듯하면서도 되지 않았다.

글쓰기는 그런 목마름을 조금 누그러뜨린다. 일상생활과 경험이 글제가 되어, 생활에 매몰되어 질주하던 시간을 되돌아보게 한다. 예전에 미처 닿지 못했던 가슴 속 구멍들을 들여다본다. 글을 쓰면서 나에게 부족한 것 내가 놓치고 살았던 것이 무엇인지 깨닫고, 그것을 돌아본다.

지난 기억을 들춰 언어로 꿰어 맞추고, 의미를 부여하여 삶의 시간에 옷을 입힌다. 단어를 고르는 동안 들여다본 삶의 단편들이 풀잎 위를 구르는 이슬처럼 표면으로 불려 나온다. 이슬이 땅으로 굴러 떨어져 사라지지 않게 글자 속에 잡아둔다. 글자 속에 잡힌 순간들이 다른 존재가 되어 나를 바라보는 것 같다.

두 번째 수필집을 내면서 첫 수필집 『생각꽃』을 낼 때보다 망설임과 아쉬움이 더하다. 좀 더 참신한 주제와 정제된 문장으로 글을 써야 한다는 생각이 들어서다. 이 책 출판을 좀 더 나은 글을 쓰기 위해 정진하는 계기로 삼고자 한다. 주변과 사회생활에서 느낀 것과 무심천을 중심으로 한 청주에 대한 기억, 제주도에서 한 달 살며 여행한 기억을 썼다.

그동안 글쓰기에 도움을 주신 K 교수님, J 선생님, L 선생님과 퇴고에 많은 도움을 주신 글벗님께 감사드린다.

2022년 10월

안 인 숙

‖ 차례 ‖

제2부 내 삶이 멈추지 않고

제3부 함께 흘렀기 때문이다

제4부 늘 배우며

제5부 새로운 꿈을 꾸고

제6부 행복을 찾는다

제1부

지난날이 이렇게 그리운 것은

도깨비 터

우리 집은 작은 사거리에 자리 잡고 있었다. 길 건너편 집이 단층이어서 그늘을 드리우지 않았고, 행인이 적어서 조용했다. 앞마당 화단에는 채송화, 봉숭아가 꽃을 피우고, 앵두나무에는 빨간 앵두 알이 다글다글 달렸다. 감나무도 있었지만 감은 다 영글기도 전에 꼭지가 빠져서 툭툭 떨어졌다. 안방 창문 밖에는 대나무가 있어서 안방에 서늘한 그림자를 드리웠다. 옥상에는 스티로폼 상자에다 가지나 고추도 길렀다.

마당에 수도전이 있어 김장 같은 큰일은 마당에서 했고, 화단에 김장독도 묻을 수 있었다. 마당 귀퉁이에 토끼도 키워서, 학교 끝나고 오는 길에 풀을 뜯어다 먹였다.

많았던 토끼처럼 자매도 많았다. 여덟 자매는 두리반에 차려진 밥을 토끼처럼 오물오물 먹고 자랐다. 한 집에서 같은 말씀을 듣고 자랐어도 받아들이는 것이 달랐고, 집안 형편에 따라 받을 수 있는 대접도 달랐다.

집안 형편이 어렵고 자식이 많았어도 부모님은 어떡하든 공부시키려고 애쓰셨다. 대학 등록 마지막 날에 아버지가 가까스로 일숫돈을 얻어와서, 큰언니는 대학에 갈 수 있었다. 동네에서 보기 드문 여대생이 되었다. 큰언니는 할머니한테 계집애가 공부가 다 뭐냐고, 아비 등골 다 빼먹는다고 등판을 얻어맞았다. 나는 철이 없어서 아무 생각도 없이 학교에 다녔다. 우리는 공부한 결과도 적성도 제각각이라서, 사는 모습도 가지각색이었다. 자매라도 아롱이다롱이었다.

어머니는 집을 지어 파셨다. 그러다가 맨 나중에 지은 이 집으로 이사와 살았다. 엄마의 삶에 대한 애착과 힘겨움이 고스란히 배어있는 집이다. 많은 자매를 키워낸 이 집도 나이를 먹고 퇴락해 갔다. 지붕이 새어 방수 공사를 하고, 벽에 곰팡이가 피어 도배를 새로 해도 좋아지지 않았다. 이사하기로 했다. 복덕방에 내놓기도 전에, 사람들이 집을 보러 왔다. 퇴락하여 보잘것없어도 순식간에 팔렸다.

이 집터는 도깨비 터라고 했다. 도깨비는 친구가 된 사람이나 착한 사람에게는 지식과 재능, 금은보화를 주기도 하지만, 사이가 틀어지면 여러 문제를 일으키고 재앙을 준다는 이야기를 들은 적이 있다. 터와 잘 맞지 않는 사람에게는 흉한 터지만, 잘 맞는 사람에게는 복을 가져다주는 터라고 한다.

부모님과 여덟 딸의 기운이 더 세어서 집의 기운을 눌렀던지, 아니면 부모님의 헌신과 딸들의 노력이 집 기운과 잘 어울렸던 것 같다. 부모님은 희망의 끈을 놓지 않고 뒷바라지하시고, 자식들은 제 앞가림하며 꿋꿋이 앞길을 헤쳐 나갔다. 동네에서 우리 집은 딸들이 잘 풀린 집으로 소문이 나 있었다.

새로 깃들인 사람들도 자식들이 잘되기를 절실히 바라서, 이 집을 선택했을 것이다. 집터에 그런 기운이 정말 있는지는 몰라도, 간절한 바람이 희망의 길을 열어가기도 할 것이다. 보일 듯 말 듯 한 희망이라도 그것을 진실로 믿는 사람은 현실로 만들기도 한다. 간절함은 어떡하든 행동하게 마련이다. 새 주인의 소망이 잘 풀려, 그들의 바람이 현실이 되면 좋겠다.

나이 든 지금도 힘든 일, 좋은 일을 겪으며 이런저런 이야기를 만들어갔던 그 집이 그립다. 마당에서 우리는 서로 머리를 잘라주었다. 잘 자른다고 해도 머리끝이 비뚤배뚤했다. 끝을 고르다 보니 어느덧 깡똥해졌다. 선생님께서 너무 짧게 자르지 말라고 하시던 말씀이 들리는 것 같다. 그때는 머리숱이 참 풍성했었다.

그 시절로 돌아가 마당에 의자를 놓고 앉아, 뭉게뭉게 피어오르는 구름에 강아지, 황소 같은 이름을 지어주고 싶다. 코끝을 스치는 바람에 어린 시절 놀던 시냇물 냄새가 묻어 있는지, 배고플 때 따먹던 아카시아꽃향이 스며있는지 알고 싶다. 옥상에 올라가서 고추와 가지 꽃이 잘 피고 있는지, 몇 개나 달렸는지 세어보고 싶다. 밤이면 별이 얼마나 많이 떴는지 헤아려 보고, 언니 동생들과 별 이름 맞추기를 하고 싶다.

연탄보일러 주변에 죽 늘어놓았던 여덟 켤레 운동화가 눈에 밟힌다.

비

빗방울이 뚝뚝 떨어졌다. 동그라미를 그리며 더듬거렸다. 다른 것을 만나 웃는 듯 퍼졌다. 멀어져가던 빗방울 발자국은 안방 빗물받이로 놓은 노란 양은 대야로 들어갔다. 대야 속에도 물결이 일렁였다. 동그라미가 마음밭 언저리를 툭 건드려 기억 조각들이 튀어나왔다.

안방과 건넌방, 부엌이 일자형을 이루는 작은 기와집이다. 섬돌 위에 여러 가지 크기의 신발들이 가지런하다. 마당 가장자리에는 돌멩이로 테를 두른 작은 화단이 있다. 트럼펫을 불며 아침을 알리는 나팔꽃, 땅에 붙어 투명한 꽃잎조차 겸손해 보이는 채송화, 손톱을 붉게 물들이던 봉숭아, 저녁 지을 시간을 알려주던 수줍은 분꽃 등이 소박하고 다정하다. 마당을 가로지르는 빨랫줄에 새하얀 기저귀가 눈부시다.

안방과 건넌방을 가로지르는 미닫이문 위에 형광등이 걸려 있다. 흐린 불빛 아래, 환한 미소를 띤 엄마가 갓난아기를 보며 누워 있다. 엄마는 여덟 아이에게 목숨을 나누어주었다. 새 생명을 낳고 키우는 동안, 콩을 모두 내어준 콩깍지처럼 시들어 쪼그라들었다. 세월의 물결이 고단한 육신에 스며들어, 침대에 누워 지내는 시간이 길어졌다.

애써 울지 않으려는 듯 참았던 찌뿌드드한 하늘이 조금씩 더 굵은 비를 내렸다. 짐짓 빗장을 질러 걸어 두었던 마음자리에도 비가 내렸다. 생소한 것이 닿은 듯 울렁거렸다. 우겨 눌러두었던 뜨거운 것이 치밀었다.

엄마 침대가 중환자실에서 일반병실로 나와 있다. 보호자가 간이침대로 쓰는 긴 의자도 없다. 삭막하고 건조한 병실을 비추는 햇빛도 병든 듯 희미했다. 가랑잎같이 바스락거리던 엄마는 나뭇등걸처럼 미동도 하지 않았다. 병마에 지쳐 그만 죽게 내버려 두라던 웅얼거림도 들을 수 없었다. 아버지가 아직 귀는 닫히지 않았으니, 작별 인사를 하라고 하셨다. 누군가 다가가서 인사말을 건넸다. 구석에 서 있던 나는 한 발짝도 뗄 수가 없었다. 무겁고 텁텁한 공기가 찍어 눌렀다. 침대는 어느새 병실 문을 나서고 있었다.

마지막 새 옷을 입고 새 신을 신으셨다. 머리를 곱게 빗어넘기고 화장하고 향수도 뿌렸다. 주변을 하얀 꽃으로 단장했다. 좁은 뜨락이라도 꽃을 피워 내시더니, 이제는 장례도우미가 챙겨온 국화꽃다발을 묵연히 받고 있다. 저 꽃이 내가 서천 꽃밭에서 얻어온 뼈살이꽃, 살살이꽃, 숨살이꽃이었다면 얼마나 좋았을까. 받기만 했지 뭐 하나 해 드린 것이 없어, 서걱거리는 가슴에 비안개 자욱이 쌓였다.

엄마는 아버지가 입대한 이후, 간장 몇 바가지를 팔아 월세방을 얻어, 어린아이 둘을 데리고 분가했다. 유복한 집안에 장녀로 태어났지만, 6 · 25동란으로 집안은 가뭇없이 스러졌다. 그 이후 오랫동안 생활고가 검질기게 따라붙었다. 사과 광주리장사도 하고 부업도 끊임없이 했지만, 애옥한 살림살이는 좀처럼 펴지지 않았다.

우리는 엄마의 보살핌으로 가난이 절박하지는 않았다. 밥을 해도, 꼬들꼬들한 밥을 좋아하는 자식에게는 윗밥을 주고, 보통 밥을 좋아하는 자식에게는 아래 밥을 주었다. 좋지 않은 밥은 엄마가 헹궈서 드셨다. 밥이 부족하면 엄마는 굶었다. 그나마 아버지가 "엄마가 먼저 갈 줄 알았어. 젊었을 때 많이 굶었어."라고 말씀하셔서 알았다. 부족한 것, 좋지 않은 것은 늘 엄마 차지였다. 우렁이처럼 몸과 마음을 모두 내어주고 품어서, 자식들이 비빌 수 있는 언덕이 되었다.

빗방울이 수면에서 높이 뛰어올라 여러 갈래로 퍼져 왕관 모양을 만들었다. 떨어지는 물방울마다 자매들 얼굴이 맺혔다. 빗방울이 그동안 고생 많았다고 왕관을 만들어 엄마에게 씌워드리려는 것만 같다. 떨어지는 물방울들이 합쳐서 다시 한 줄기가 되었다. 조금씩 다른 우리 자매도 엄마가 내어놓은 물줄기를 따라 흘렀다.

새 신을 신고 흰 국화꽃을 밟으며 본향 꽃밭으로 떠난 엄마가 자식들을 못 잊어 비가 되어 내리는 것 같다. 육십이 넘었는데도 다시 아기가 되어 빗물받이 놓인 옛집에 눕고 싶다. 애틋한 눈길로 엄마는 생명수인 하얀 젖을 먹일 것이다. 마당에는 여전히 기저귀가 나부끼고, 나는 사랑에 겨운 나른한 하품을 할 것이다.

어린 시절에도 내렸던 비가 기억을 어루만진다. 그리운 얼굴이 하늘에서 흘러내린다. '하늘나라에서는 더는 아프지도 않고 편안하니, 걱정하지 말라' 고 다독이며 위로한다. 살아가며 일이 생길 때마다 엄마를 찾아 두리번거린다. 엄마 손을 가만히 잡을 수 있다면…….

목마른 가슴을 적시는 빗줄기를 따라 올라가 엄마가 계신 하늘에 닿고 싶다.

(2022년 제3회 글로벌경제신문 시니어신춘문예 수필부문 당선작)

부재

곰취와 잔대 나물로 장아찌를 담는다. 나물을 씻어 큰 바구니에 물기를 빼기 위해 건져 놓았다. 딸이 그것을 보더니 손도 크다고 한다. 저절로 친정엄마가 떠오른다. 친정은 식구가 열 명이어서 엄마는 무엇을 해도 많이 해야 했다. 나도 엄마를 닮았는지 국도 한가득 끓이고, 김장도 잔뜩 하는 등 음식을 많이 하는 버릇이 있다.

엄마는 우리가 소풍 갈 때는 온 식구가 먹을 김밥을 만들어서 일이 끝난 뒤에도 팔이 아프다고 하셨다. 어느 해 설에는 아이들이 부엌을 들락날락하며 만두를 다 먹어버려서 다시 만드셨다. 아이들이 많아서 많이 만들 수밖에 없었고, 만일을 위해서도 더 많이 했다.

결혼 전 엄마 모습을 사진에서 본 적이 있다. 하얀 피부에 키가

컸고, 바람 불면 날아갈 듯 말랐다. 아들을 바라던 엄마는 딸만 여덟을 낳으면서 속상해서 울었고, 산후조리도 제대로 받지 못해서 부기가 빠지지 않았다. 부기는 그대로 물렁살이 되어, 육신은 불어갔다. 힘에 부친 집안일과 이런 상황이 당뇨, 고혈압 등 만성질환을 일찍 불러와서 약봉지를 달고 사셨다.

우리 형제들은 외모는 그다지 닮지 않았지만, 목소리는 무척 비슷하다. 전화상으로는 누가 누군지 잘 구별되지 않는다. 그런데 나이를 먹으면서 외모도 점점 엄마를 닮아간다. 더 나이가 들면 말년의 엄마와 비슷한 얼굴이 될 것 같다.

버스 안에서나 혹은 길거리에서 집에 전화하는 사람을 보면 엄마가 생각난다. 친정에 전화가 생긴 것은 고등학교 1학년 때였다. 전화는 꼭 필요할 때만 쓰는 긴요한 물건이었다. 이제 전화는 어린아이도 가지고 다니고, 수다도 떠는 일상용품이 되었다. 엄마에게도 핸드폰이 생겼다. 자식들을 무척 궁금해 하면서도 전화를 잘 걸지 않으셨다. 절약하는 생활 습관이 몸에 배어 있는 터였다. 그런 모습을 보고 자라서 그런지 나도 전화를 잘하지 않는다. 결혼 후에는 엄마를 일 년에 몇 번 보지 못했다. '전화라도 자주 드릴 걸' 하는 생각을 한다.

길을 가다 '큰옷 가게'를 보면, '저기서 엄마 옷을 사면 되는데' 하고, 장미 넝쿨 늘어진 울타리를 보면, 그 집에 꽃 좋아하던 엄마가 있을 것만 같다. 고추장 감자찌개를 해도 '엄마 고추장은 매콤해도 감칠맛이 있었는데' 하고, 마늘종 새우볶음을 만들어도 '엄마는 어떻게 만들었지?' 하며 기억을 더듬는다. 집을 샀을 때도 '엄마가 알면 좋아했을 텐데' 하고, 아이들이 취업했을 때도 '엄마가 잘했다고 칭찬해 줬을 텐데' 하며 못내 아쉽다. 엄마의 칭찬이 필요한 아직도 어린 내가 쓰다듬어 달라고 머리를 내밀고 있다.

나이 들면서 닮고 싶지 않던 점도 닮아간다. 엄마 밥을 몇 십 년 먹으면서, 엄마가 하는 말을 듣고 생각의 살을 찌웠기 때문일 것이다. 엄마는 세상과 나를 이어주는 연결고리이고, 방향을 찾아주는 나침반이었다. 지금도 막다른 골목에 몰려 빠져나갈 곳을 모르면, 엄마한테 물어보고 싶은 마음이 비 온 뒤 새싹 돋듯 삐죽삐죽 올라온다.

자다가 갑자기 깨면 엄마가 보인다. 아니면 엄마가 보여서 깬 건지도 모른다. 엄마가 웃는지, 아닌지 알 수 없다. 불현듯 떠오르다 사라지신다. 그저 그럴 뿐이다. 문고리를 잡고 방문을 열면 엄마가 보일 때가 있다. 분홍색 꽃무늬가 그려진 티셔츠를 입고 앉아 계신다. 아무런 말씀이 없다. 엄마의 부재는 부재가 아니다. 장자의 말처럼 도道로 돌아간 것도 아니다. 기억의 저편 무의식 깊은 곳에 살고 계신다. 전화를 걸면, 조금 쉰 듯한 꺾인 듯한 목소리로 대답하실 것 같다.

"왜? 무슨 일 있니?"

내 하소연을 다 들어줄 것만 같다.

오늘 아침 반찬은 콩나물무침이다. 일회용 비닐장갑을 끼고 무치려고 한다. '손으로 무치면 콩나물 대가리 다 떨어져' 하는 소리가 들린다. 뒤를 돌아본다. 텅 빈 허공에 가느다란 아침 햇살이 쓸쓸하다.

현혹

먹고 사는 것만도 벅찼던 어려운 시절에 유년기와 청소년기를 보냈다. 이 시기 생활기록부의 취미란에는 늘 독서가 적혀 있다. 나랑 비슷한 취미를 가진 학생들이 꽤 많았다. 책 읽기를 좋아해서 취미가 독서일 수도 있지만, 다른 활동을 할 수 있는 경제적 여력이 없었던 것도 한 이유였다. 책 읽기를 통해 다른 세상을 들여다보고 간접경험을 할 수 있다고 하지만, 그 나이에 책을 읽고 세상을 이해하는 데는 한계가 있었다. TV도 초등학교 고학년이 되어서야 뒷집에 한 대 들어왔으니, 세상 돌아가는 것을 거의 알 수 없었다. 집과 학교를 오가면서 듣고 배운 것이 전부여서, 세상 물정에 어두웠다.

어린 시절에 읽었던 웹스터의 『키다리 아저씨』의 주인공 주디의 대학 1학년 때 모습이 바로 내 모습이었다고나 할까. 고아원

생활이 거의 전부인 주디는 대학 친구들에게서 많은 괴리감을 느꼈다. 친구들이 일반적으로 가지고 있던 문화를 경험할 수 없었기 때문이다. 주디는 이런 문화적 소외로 위축되고 열등감에 빠져들었다. 식견이 부족한 나도 종종 주디처럼 소외된 자신을 발견했다.

정신적 중심이 서지도 않았는데 경험하지 못한 것을 만나면, 삶의 방향을 잃기도 한다. 청소년기에는 내 적성을 생각하고 선택하기보다 학교 커리큘럼을 따라가기도 바빴다. 시험에 나올만한 내용을 암기하려고 애썼다. 그러다가 대학에 들어가니 아무도 제약하지 않는 시간이 널널하게 펼쳐졌다. 내 교실 내 자리도 정해져 있지 않았고, 학교에 가지 않고 공부하지 않아도 나무라는 사람이 없었다. 그토록 자유를 갈망했지만, 구속하지 않음이 너무나 허전해서 일주일 동안 언니네로 놀러 갔다. 3월 중순까지도 나오지 않았던 출석부가 하필 이때 나왔다. 이땐 자유와 방종을 구분할 줄 몰라서 종이의 앞뒤 면이나 마찬가지였다.

꽉 짜인 고등학교 교실에서 느끼지도 보지도 못한 것들은 만나면, 그야말로 눈이 번쩍 뜨이는 신세계여서 거기에 푹 빠지기도 한다. 직업과 연결되는 좋은 대학 입학이라는 목표는 다른 것들보다 최우선이었다. 본능을 누르고 엉덩이를 의자에 끌어다 앉혔다. 하지만 아이들이 놀지 않으면 병이 난 거라는 말이 있듯이 놀이가 삶일 수도 있다. 이런 놀이본능이 자유 시간과 만나면, 막혔던 보를 뚫고 나오는 물처럼 터져 나올 수 있다.

딸 친구도 고등학교 시절 내내 지방의 학교 담장 안에 갇혀 공부만 했다. 서울 명문대에 입학했지만, 서울이라는 화려한 도시와 자유로운 대학 문화의 매력에 푹 빠져서 헤어나고 싶어 하지 않아 했다. 축제란 축제는 다 따라다니고, 공부는 등한시해서 학점이 잘 나오지 않았다. 많은 면에서 성적 위주인 우리나라에서는 취업전선에서도 성적은 중요한 문제였다.

요즘 대학은 순수학문을 지향하는 상아탑이라는 말이 무색할 정도로 직업소개소처럼 변하였지만, 그래도 교과서 내용을 달달 외우던 고등학교 교과과정에서 해방되어 원하는 학문을 할 수 있는 곳이다. 인간은 본질적으로 앎에 대한 욕망이 강하다. 최고의 미는 지성미라는 말도 있듯이, 큰 지식을 가진 사람은 존재감이 크고, 아우라가 느껴져서 멋진 사람으로 보이기도 한다. 그런 사람을 만나면 경도되어, 판단하기보다는 그저 추종하기도 한다. 큰 지식은 사람일 수도 있고, 책일 수도 있고, 어떤 문화일 수도 있었다. 이 무렵에 나는 유명 교수의 강의를 좇아다녔고, 페미니즘에 빠져 있었다.

자신에게 결핍된 것이 놀이든 지식이든 어떤 것이든 간에 타인에게서 발견하면, 그는 스승이 되기도 한다. 그가 어떤 사람이냐에 따라 잘못된 길로 빠질 수도 있다. 사회에서 만난 스승이 미래를 좌우할 확률이 높다.

현대는 무수한 정보와 지식이 넘쳐나고 있다. 매력적인 것 또는 현혹하려는 것이 인터넷이나 대중매체에 무수히 떠돈다. 이런 시대를 살아가려면, 어떤 문화적 충격과 맞닥뜨려도 무너지지 않는 내공을 기르는 수밖에 없다. 열심히 읽고, 찾아가 보고, 느껴보아야 한다. 대중적 가치를 추종하지 말고, 스스로 의미를 부여할 줄 알아야 한다.

어렸던 그 시절에는

봄에는 길거리마다 벚꽃이 피고, 언덕에는 사과꽃 복숭아꽃이 하얗게 뒤덮였다. 달빛에 속삭이는 꽃들에 마음 술렁이고, 멀리서 개 짖는 소리 가끔 들리면 '아, 여기가 별천지구나' 하는 생각이 들었다. 밤하늘에는 별들이 무척이나 많이 떴다.

키 큰 벚나무 그늘에 야외용 탁자를 놓았다. 남편 친구들이 먹을 것을 들고 왔다. 과일, 아이스크림, 과자 등이 쌓였다. 탁자 밑에 큰 갈색 고무 함지박을 놓고, 산에서 내려오는 물을 가득 받았다. 거기에 발을 우르르 집어넣고 둘러앉았다. 여성분들은 가만히 계시라는 하명에 과일을 먹으며 부채를 부치고 있으니, 더위는 삼만 리 밖이다.

점심은 영화 '기생충'으로 유명해진 짜파구리다. 시원한 나무 그늘에서 차려주는 음식을 먹으니, 여기가 천국이 아닐까 한다.

남편은 베이비 붐 세대라서, 동네에 또래들이 많았다. 그때도 도심을 조금 벗어나면 과수원이 많았다고 한다. 집마다 근근이 먹고 살아서 방과 후에 과외받는 친구도 없었다. 방과 후에는 산으로 들로 친구들과 어울려 다니며 마냥 놀았다. 어릴 때처럼 모여서 음식을 나누어 먹으니, 밤낮으로 놀았던 그 시절 이야기가 수북이 쌓인다.

먹을 것이 적었던 그 시절에는 서리하는 것이 재미고 놀이었다. 어느 날 친구들이 토끼고기 했다고 불러서, 남편은 맛있게 먹었다. 다음 날 아침, 집에서는 어미 토끼가 없어졌다고 난리가 났다. 새끼를 낳은 지 얼마 안 되어서, 집안 어른들은 새끼들이 한걱정이었다. 남편은 그제야 그 토끼가 어디서 난 것인지 알았다고 한다.

한없이 짓궂었던 일들이 웃음과 함께 왁자하게 펼쳐졌다. 주변에 과수원이 많으니, 사과, 복숭아 서리도 많이 했다고 한다. 낮에 사전답사까지 해서 맛있는 것으로 골라 놓았다. 밤 11시나 12시쯤 어른들이 과수원을 한 바퀴 돌고 난 뒤, 새벽 1시나 2시쯤에 가서 서리했다. 형편이 조금 나은 친구는 집에서 쌀도 몰래 가져왔다. 밤을 꼴깍 새워가며 밥도 해서 먹고 과일도 먹으면서, 원두막이 내려앉도록 뛰어놀았다. 동네 과수원이라서 친구네 집일 경우도 있었다. 그래도 하도 죽이 잘 맞아서 그걸 가지고 투덜대는 친구도 없었다.

어린 시절 이야기가 끝없이 이어질 때면 친구들 비화도 따라 나왔다. 초등학교 때는 방학 숙제에 일기 쓰기도 있었다. 요즘처럼 이런저런 공부로 바쁘지는 않았지만, 그 시절에는 늘 놀기에 바빠서 숙제는 여벌이었다. 몇 줄 안 쓰는 일기라도 방학이 끝나갈 무렵이 되면 큰 걱정거리였다. 매일 안 쓰면 날씨도 그려 넣을 수 없었다. 일기를 못 쓴 태수는 남편 일기장을 빌려다가 "오늘은 태수랑 놀았다"라고 그대로 베껴 썼다. 그 뒤 이야기는 뻔했다. 나이 육십을 넘어 머리가 허예지는 지금도, 그 이야기를 하며 배꼽을 잡고 웃었다.

선생님께 들켜 맞았던 일이 억울하거나 서럽게 생각하지 않았다. "그때는 참 그랬어." 하며 친구들과 놀던 이야기를 이어갔다. 순진무구한 꼬맹이가 밤을 꼴깍 새워가면서, 몽당연필에 침을 발라가며 일기장을 베끼고 있는 모습이 한 편의 그림처럼 떠오른다.

시대가 어려워 먹고 사는 것이 팍팍했어도, 공부 말고 달리 걱정거리가 없던 자유로운 시절이었다. 때 묻지 않아 이해득실을 따지지 않았고, 어떻게 하면 좀 더 나은 삶을 살 수 있을지 고민하지 않았다.

초로에 접어든 지금은 제각각 하는 일도 다르고 사는 형편도 다르다. 누구네 집은 어떻고 아들딸은 어떤데 하며 사는 걱정을 하는 요즘, 그 시절이 얼마나 그립고 아름답겠는가. 시곗바늘을 자꾸 과거로 돌린다. 마음속에는 아직도 한두 시간 정도 걸어가야 하는 계곡에서 헤엄도 치고, 빈 깡통에 불을 피워 돌려서 캄캄한 밤하늘에 둥근 원을 만든다.

기억을 건너며

길을 나섰다. 맵싸한 바람이 손끝을 스쳤다. 덤불 속에서 덜여문 보랏빛 봄까치꽃이 눈을 맞혀 왔다. 저절로 그 꽃과 키를 맞췄다. 앙증맞은 꽃잎이 작아도 위풍당당하게 봄을 불러오고 있었다. 땅속의 긴 어둠이 꽃잎에 희게 박혀 있었다. 무엇이 그 긴 시간을 견디게 했을까. 근원으로 돌아가야 새롭게 태어날 수 있기 때문일까.

갈색 몸에 움을 가두고 차가운 햇볕에 몸을 맡긴 나무들이 일렬로 늘어서 있다. 이 길을 따라 올라가면 발원지인 내암리 벽계수 옹달샘에 도달할 것이다. 옹달샘 물이 끊임없이 흘러와 무심천이 되어 흐른다. 무심천에는 지류들의 냄새와 기억들이 녹아 있을 것이다.

철새들이 사선을 그리며 난다. DNA에 새겨진 오래된 기억이 이끄는 대로 또다시 날아갈 것이다. 사람도 명절이 되면, 집안 내력이 이끄는 대로 고향으로 돌아가려해서 길에는 자동차가 꼬리에 꼬리를 문다. 나도 끊임없이 어디론가 돌아가야 한다는 갈증에 시달린다.

내 노스탤지어의 손수건은 어린 시절을 향해 흔들리고 있었다. 그때는 어머니와 보이지 않는 탯줄로 이어진 것 같아서, 어머니가 나와 전혀 다른 존재임도 몰랐다. 어머니는 세상 그 자체였다. 이 시절에는 잘잘못도, 먹고 사는 것도 어른들의 몫이라서 누구나 지고 있다는 자기 몫의 멍에도, 끊임없이 노력해야 한다는 것도 몰랐다. 어머니가 주는 것을 먹고, 그 품에서 살면 됐다. 에덴의 동산 같은 이 시간이 영원할 것 같았다.

어느 날 친구들과 늘 어울려 놀던 우물가에 갔을 때였다. 거기에는 아무도 없고 노란 햇빛만이 고여 있었다. 쏟아지는 햇빛과 세상에 이 공터밖에 없을 것 같은 고요가 나에게 말을 걸었다. 어머니 품에서 늘 안주할 수만은 없는 것이라고……. 그 햇빛과 고요는 친구들에게도 스며들어, 같이 놀던 친구들도 하나둘 보이지 않기 시작했다. 친구들과 이브의 사과를 나누어 먹고, 낙원에서 나와야 했다.

강보를 찢고 찬란한 태양의 축복을 받으며 세상 밖으로 튕겨나왔다. 그 세상에서는 홀로 우뚝 서야만 했다. 나만의 세계를 만들어 이야기를 써 내려가려 했지만, 무엇을 어떻게 할지 몰랐다. 이런저런 생각만 갈마들 뿐이었다. 세상살이는 매양 뜨거운 국그릇을 들고서 어디에 놓을 줄 몰라서 허둥대는 형국이었다. 마음의 중심을 잡지 못해서, 좌표를 잃어버린 배처럼 정박할 곳을 찾기 어려웠다. 뒤웅박처럼 매달릴 끈이 있으면 좋겠다고 생각했다. 찬란한 햇발의 속살은 잡기 어려웠다. 모래밭에 물 빠지듯이 다 빠져나가 아무것도 없다고 생각될 때, 판도라 상자의 맨 밑바닥에 희망이 남아있던 것처럼 어머니 냄새 배어있는 어린 시절 기억이 남아있었다.

그 기억의 한중간에 무심천과 우물가 공터가 있다. 무심천까지는 꽤 멀었지만, 거기에 가는 것도 재미있는 놀이였다. 주변에 있는 것은 무엇이든 놀잇감이라서 심심할 새가 없었다. 민들레 홀씨가 피면 불어 날리고, 무지개가 뜨면 찾으러 뛰어다녔다. 여름에는 까맣게 타도록 놀았고, 겨울 추위 또한 즐거운 것이었다. 잘난 것도, 못난 것도 없었다. 볕 고인 담벼락에 서서 햇볕만 쐐도 배불러서, 부족한 것 없이 충만했었다.

자맥질하는 오리 떼 사이로 옛날에 떠내려 보낸 검정 고무신이 둥둥 흘러가고 있어 손을 뻗으면 건질 것만 같다. 그것을 따라 내려가면 어머니가 밥 먹으라고 부르던 우물가 공터가 나올 것 같다. 철새가 줄지어 고향으로 날아가듯, 따뜻한 밥상이 차려져 있던 그 시절로 돌아갈 수 있을 것만 같다. 하지만 검정 고무신은 이미 떠내려가 버렸으니…….

무심천에는 여전히 봄이면 벚꽃 흐드러지고 가을이면 억새꽃 피었을 테지만, 기억 저편으로 가라앉아 있었다. 건대추 껍질처럼 주름진 세월을 보내고 다시 찾아온 지금도, 억새는 누런 허리를 세우고 있다. 초록을 다 쓰고 씨앗으로 변해 땅속에서 새 시간을 더듬고 있을 것이다.

지난날이 이렇게 그리운 것은 내 삶이 멈추지 않고 함께 흘렀기 때문일 것이다. 지난 것은 아주 흘러가 버린 것이 아니라, 새로 만들 이야기 속에 녹아서 살아날 것이다. 어떻게 살아야 하는지 어디로 가야 하는지 여전히 몰라도, 열심히 시간의 씨줄과 날줄을 짜 내려간다.

무거운 심신을 걷어내기 위해 산책 나온 나를 무심천이 자궁 속의 따뜻한 양수처럼 감싼다. 무심천이 쉬지 않고 흘러간다. 나도 따라 흘러가리라.

제2부

내 삶이 멈추지 않고

한숨

코로나19로 마스크를 끼고 생활한다. 날숨이 세상 밖으로 다 나가지 못하고, 들숨에 섞여 다시 들어온다. 숨이 원활히 순환하지 못한다. 들숨과 날숨은 씨줄과 날줄이 되어 삶의 시간을 짜 내려간다. 삶의 시간이 길어지면서 숨이 엉겨서, 꼬이고 끊어진 부분들이 생겼다. 파닥거리는 신경줄을 가라앉히고, 숨을 고르게 하여 잠을 청한다. 잠은 오지 않고, 엉긴 부분이 바스락거리며 불거진다. 지난 일을 소처럼 곱씹는다. 그때의 감정이 밀려온다. 씁쓸한 한숨이 스멀스멀 기어 나온다.

벚꽃이 눈길 끝나는 데까지 뭉게뭉게 피어오르고, 유채꽃이 몽환적으로 피어 있었다. 숨 막히는 아찔한 아름다움에 한숨이 절로 나오던 4월 초에 결혼했다. 갓 결혼해서 철없던 나는 우리의 앞길도 희고 노란 꽃처럼 피어날 것으로 생각했다. 혼자 들이쉬고 내쉬는 숨은 왠지 모르게 스산했다. 반쪽을 찾았으니, 시린 옆구리도 따뜻해질 것만 같았다. 둘이 만나 하나가 되었으니, 내가 날숨이면 남편은 들숨이 되어 예쁘게 피어나리라. 남편이 날줄이라면 내가 씨줄이 되어 결 고운 인생의 시간을 짜 내려갈 것으로 생각했다.

우리는 각기 다른 가정에서 30여 년을 살다가 만났다. 당연히 생각과 가치가 다르고, 행동 방식도 달랐다. 서로의 이견을 조율하고 맞추어가며 살아가야 했다. 하지만 남편은 가부장적인 인식이 강했다. 더구나 우리 세대는 '남아일언중천금男兒一言重千金'이니 '말이 많으면, 실언도 많다'느니 하는 말을 새겨지게 듣고 자랐다. 그래서인지 말이 많은 것을 좋게 생각하지 않았다. 남편도 나도 말이 적었다. 문제가 생기면 설명하고, 대화로 풀어가는데 미숙했다. 자연히 그동안 습관대로 자기 방식대로 가정생활을 해나갔다.

결혼 전에는 딸만 있어서 그런지 전혀 느끼지 못했던 남녀차별이 결혼 후 생활 전반에 걸쳐서 나타났다. 나는 나대로 그는 그대로 숨을 쉬니, 이가 잘 맞지 않고 덜거덕거렸다. 생활과의 전쟁이 시작되면서, 한숨은 늘어 갔다.

결혼한 첫해 명절에 시댁에 갔을 때였다. 오랜만에 고향을 찾은 남편은 명절 준비로 분주한 집안일은 아랑곳하지 않고 이미

출타하고 없었다. 시댁 식구들도 제사를 지내고, 각기 형님들 본가로 떠났다. 시댁에 나만 혼자 찬밥덩어리처럼 남아있었다. 남편의 신코는 안으로 향하기보다는 밖으로 향하는 날이 많았다.

큰딸이 태어난 지 얼마 되지 않아 목도 제대로 가누지 못할 때였다. 육아와 가사 중에 가장 어려운 것이 아기 목욕시키는 것이었다. 남편이 집에 있어서 '기회는 이때다' 하고 아기 목욕시킬 마음을 먹었다. 비누칠로 미끈거리는 아기를 놓쳐서 아기가 더러운 목욕물을 삼키고 다칠까 봐 걱정이 태산이었다. 누가 아기의 목을 받치고만 있어도 목욕시키기는 한결 수월했다. 목욕물을 안방에 가져다 놓고, 그에게 도와달라고 말하려는 그 순간, 그가 한마디 건넸다.

"나는 필요 없지?"

대답할 사이도 없이 그는 나가서 일이 다 끝나고 나서야 돌아왔다. 참으로 화를 낼 기운도 없고, 말하고 싶지도 않았다. 남편은 내가 그와 똑같이 온종일 직장에서 일하다 집으로 돌아와도, 육아와 가사는 여자 몫이라고 생각했다. 푸시킨의 "삶이 그대를 속일지라도 슬퍼하거나 노하지 말라"라는 문구가 절로 떠올랐다.

올해도 벚꽃이 눈부시게 피어난 무심천 둘레길을 걷는다. 벚꽃을 보면, 신혼여행지에서 보았던 벚꽃이 떠오른다. 오래 묵어 마디가 지고, 가지가 굵어진 벚나무가 더 예쁜 꽃을 피우고 있다. 벚나무는 해마다 더 아름다운 꽃을 피우고 무성해져서 생을 찬미한다. 벚꽃은 결혼할 때보다 곱절의 나이를 먹은 나에게 '너는 나처럼 번성하고 있느냐, 삶을 더 값지게 풍성하게 만들었느냐'고 묻는 것 같다. 벚꽃은 아직도 지난 일에 얽매여 아름다울 수 있는 시간을 낭비하고 있는 나의 어깨를 토닥인다. 너 자신을 돌보라고 한다.

밖으로 향했던 눈을 안으로 돌리니, 뿌연 안경처럼 마음을 가린 것을 만난다. 옹이 지고, 엉클어진 일들의 원인을 남 탓, 세상 탓으로 돌리는 내가 고집스럽게 똬리를 틀고 있다. 한숨이 나오는 기억들 뒤편에 돌보지 않아서 어설픈 기억들이 비죽이 내민 고개도 보인다. 돌아다니기 좋아하던 남편은 가 보고, 먹어 본 것 중 좋은 것을 식구들에게도 먹이고 여행도 자주 했다는 생각이 난다. 섭섭함으로 옹색했던 마음 한구석에 상대의 말을 들어주어야 한다는 틈바구니가 생긴다. 이미 지난 일을 무슨 보물이나 된 것처럼 뒤적이지 말고, 아픈 마음을 다독이고 흘러가게 두어야 한다.

서툴고 어쭙잖은 지난 일들을 바꿀 수는 없다. 하지만 마음먹기에 따라서 같은 일도 다르게 볼 수는 있다. 씁쓸한 한숨을 감탄의 한숨은 아니어도, 그래도 그때가 좋았다는 아쉬움의 한숨으로 바꿀 수는 있을 것 같다. 아픈 기억보다 따뜻한 기억을 더 많이 찾아내 기억의 뒤뜰을 알록달록한 꽃밭으로 만들어야겠다. 기억도 선택이니, 선택에 따라 행복도 커질 것이다.

한숨은 고민을 나누어, 문제를 해결하고 싶은 소망의 표출이다. 한숨은 자기 내면을 들여다보고, 한 발짝 앞으로 내디뎌 진정한 자신을 찾고 싶어 하는 마음의 표현이다. 한숨은 바른 숨으로 나아가기 위한 징검다리이고, 건널목이 되어야 한다. 한숨 쉬는 사람을 돌아다본다.

(2021년 제28회 포석 조명희 전국백일장 차하)

선물

현관문 비밀번호를 누르는 소리가 났다. “다녀왔습니다.” 하는 인사말이 들린다. 온종일 바쁘게 보낸 고단함이 배어있다. 안쓰러우면서도, 이젠 한 사람 몫을 해내는 성인이 다 되었다는 안도감이 든다. 문을 열면서 맡는 따뜻한 밥 냄새가 일과를 무사히 끝냈고, 쉴 수 있다는 편안함을 주나 보다. 간소한 음식이라도 무척 좋아하며 달게 먹는다.

가슴에 시린 바람이 고여 서걱대고, 어제 뜬 태양과 똑같은 태양이 오늘도 뜬다고 생각할 무렵에 결혼했다. 하지만 결혼은 뻥 뚫려버린 것 같은 가슴을 메워주는 충분조건은 아니었다. 결혼 전보다 인간관계가 다소 복잡해지고 일이 많아져 분주해졌다. 하지만 여전히 뭔가 부족함에 시달렸다. 매일 반복되는 그렇고 그런 일상에서 의미를 찾기 어려웠고, 생각하는 것조차 시시했다.

바람 불고 물기라곤 없는 척박한 내 땅에도 아들딸이 찾아와 뿌리를 내리려고 애썼다. 적은 물이라도 열심히 끌어 올려 잎을 피우고, 큰 나무가 되어갔다. 아이들은 자라면서, 내 땅에 크고 작은 이야기를 물어와 알록달록하게 물들였다. 밋밋했던 평평한 땅에도 여기저기 지형물이 생기고 형태가 잡혀갔다. 삶에 이런저런 의미의 꼭지들이 생겼다.

무의미한 일상에서 나를 건져 올려, 마음의 공백은 줄어갔다. 홀로 찻잔 비우는 나에게 아들딸이 찾아와 놀아줬기 때문일 것이다. 큰딸이 유치원에 다닐 때였다. 밥투정하는 동생에게 "장난감 기차가 칙칙 떠나간다. 과자와 사탕을 싣고서"라고 노래를 부르며 "입도 참 커. 칙~ 폭~"하면서 숟가락을 기차처럼 앞으로 전진시켜 동생의 입에 밥을 넣었다. 큰딸의 재치는 집안을 환하게 해 주었다. 아들이 초등학교 2학년 때였다. 달걀부침 두 개를 해서 하나를 먹고, 귀퉁이를 조금 잘라 먹은 나머지 한 개는 누나 몫으로 남겨 놓았다. 하나를 마저 먹고 싶은 것을 참는 모습이 떠올라 웃음이 절로 났다.

아이들은 크면서 친구 고민도 하고, 취업도 고민해서 걱정거리를 가져오기도 했다. 나에게 햇빛도 비춰주고, 비도 내리게 하고, 눈도 하얗게 쌓이게 했다. 아이들은 삶의 기운을 나누어주고, 사는 것이 어떤 것인지 알아가게 했다.

떠오르기 위해 물밑을 물들이던 해가 마침내 떠올라 묵묵히 자기 길을 가듯, 내 주변을 서성이던 아이들이 해처럼 우뚝 떠올라 자기 길을 뚜벅뚜벅 가고 있다. 실낱같은 인연들을 넓혀가서 삶터를 만들고, 사는 이유를 찾고자 할 것이다. 인생의 쓴맛, 단맛을 알아가며 자신만의 무늬를 만들어 갈 것이다.

내 삶에는 붉지만 뜨겁지 않은 석양빛이 감돌고 있다. 죽음을 등에 지고 사는 삶은 허상뿐인 신기루인지도 모른다. 그러나 선물처럼 찾아온 아이들이 있어 삶은 의미 있고, 그래서 이번 생은 내게도 선물이다.

세상에 던져진 아이들도 자기만의 짐을 지고도 삶의 빛나는 조각들을 찾으려 애쓸 것이다. 그래서 삶은 다음 세대로 그 다음 세대로 계속 이어질 것이다. 질병과 우울로 고독 속에서 살다 간 니체가 "이것이 생인가, 그러면 한 번 더 살라"고 했다는 말이 떠오른다.

"다녀오겠습니다." 하는 인사말이 들린다. 아이들은 아침이면 새처럼 날아갔다가 저녁에 다시 날아든다. 하루 동안 있었던 일들을 재잘거린다. 빈 곳투성이인 삶에 아이들의 이야기로 점이 생긴다. 점들이 모여 무늬를 이루고, 빈 곳은 여백이 되어 풍경

화를 그린다.

내가 그린 그림에도 유유히 흘러가는 강물 한 줄기 생겼으면 좋겠다. 이 강이 나에게서 아이들에게로 손주들에게로 끊임없이 이어져 흘러가고, 더 많은 이야기를 만들며 앞으로 나아갈 것이다.

채 피지 못한 꽃봉오리들

막내가 졸업한다. 축하 꽃다발을 사러 갔다. 이름 모를 자잘한 보랏빛 꽃과 흰 꽃으로 붉은 장미를 둘러서 묶었다. 제각각의 꽃들이 어울려 서로의 아름다움을 더해 준다.

졸업식장에는 앳된 꽃봉오리 같은 얼굴들이 가득하다. 4년 동안 대학 생활의 하이라이트를 찍은 사진들이 화면에 연이어 지나간다. 친구들과 웃고 떠들며 공부했던 찬란한 시절이 여기를 떠나면 추억이 된다. 친구들과 헤어지는 아쉬움과 어디론가 흘러가야 한다는 긴장감으로 얼굴에 이런저런 생각들이 묻어난다.

돈이 없어 가난했고, 힘든 공부를 해야 했던 학창 시절을 끝낸다. 취업생이 둘뿐이라니, 졸업해도 이들은 또 어딘가에서 책과 씨름을 할 것이다. 학교 공부를 마무리하고, 오직 취업 공부에만 매달리려고 조기 졸업한 학생들도 있을 것이다. 학업을 끝낸 속

시원함이 없어서 그런지, 졸업식 때 밀가루를 뿌리고 달걀을 던졌던 풍속은 보이지 않는다.

일하면 일하는 대로 안쓰럽기 그지없다. 공부를 끝내고 취업한 곳이 그들의 행복을 얼마나 채워줄는지 모른다. 사회 또한 생존경쟁의 정글이니, 직장 관련 공부 말고도 다른 것으로도 고민해야 한다.

인간이 노동으로부터 자유로운 시기는 학창 시절뿐인 것 같다. 초등학교만 나왔든 대학을 나왔든 간에 학업을 끝내는 순간부터 일터로 나가야 한다. 자기 자신을 책임져야 하고, 혹은 가족까지 책임지기도 한다. 그래서 학창 시절이 낭만이 있는 것인지도 모른다. 일하지 않아도, 여기저기 기웃거려도, 아직은 자신을 결정짓지 않아도 인정되는 시절이기 때문이다. 그것을 꿈이라고 부르는지는 몰라도, 아직은 꽃봉오리라는 뜻일 것이다.

4년이란 긴 시간 동안 그 어려운 공부를 별 탈 없이 끝마친 것을 축하하지 않을 수 없다. 여기저기 화사한 꽃다발이 보인다. 졸업식을 기점으로 인생의 한 시절을 마무리하고 새롭게 피어나길 기대하는 부모님들의 마음이 엿보인다.

꽃다발을 꽃병에 꽂는다. 반쯤 벌어진 꽃과 아직은 입을 다문 꽃봉오리가 어울려 아름답다. 꽃봉우리에 채 피지 못한 졸업생의 모습이 겹쳐진다. 모든 꽃봉오리가 꽃을 피우고, 졸업생들도 활짝 피어났으면 좋겠다.

제각각 다른 표정의 얼굴들은 그들의 가정에서는 모두 소중한 자식일 것이다. 부모님에게 앞날이 창창하기를 기원 받았을 것이다. 성장할 때는 식구들에게 많은 웃음과 기쁨을 주었으리라. 지금은 어디서 꽃 피울지 몰라서 떠돌아도, 곧 자기 자리를 찾아서, 제 색깔을 낼 것이다. 서둘지 말고 진정한 꽃을 피울 자기 자리를 찾아가길 바란다.

막내의 장미는 며칠이 지나도 잘 피어 있다. 감사의 마음이 생긴다. 피지도 못하고 꽃봉오리인 채로 꺾이면, 괜스레 가슴이 서걱거린다. 장미 꽃잎 끝이 마르면서 시들어간다. 가장자리 마른 잎을 따준다.

시들어가는 것들은 모두 사연을 간직하고 있다. 시든 자리에 생각이 고이고 쌓여, 새롭게 피어날 준비를 할 것이다. 마지막 학창 시절을 끝내는 축하의 메시지 속에 떠도는 불안감을 떨쳐낸다. 끝마친 학교 공부를 바탕으로 정진하여, 달이 차오르듯 밝게 차오르리라.

살며 배워가며

전기밥솥 추가 쉭쉭 돌아가고, 김이 새어 나온다. 밥 되는 냄새는 그날그날의 기분이나 몸 상태에 따라 다르다. 밥은 구수하고 쫄깃할 때도 있고, 모래알을 씹는 듯 버석거려 입안에서 겉돌 때도 있다. 어떤 밥이든 먹지 않으면, 몸이 죽겠다고 아우성을 치니 밥벌이에 연연할 수밖에 없다. 아침도 거르고 출근한 아들 때문인지 밥 냄새가 비릿하다.

아들은 내가 깨기도 전에 출근해서 낮 기온이 36도를 넘는 염천에도 이 공장 저 공장 관리하러 돌아다닌다. 이 더위에도 안전모, 안전화, 마스크까지 갖추어야 해서 땀이 비 오듯 흐른다고 한다. 그러곤 저녁 늦게 열기를 가득 묻힌 얼굴을 현관문에 들이밀면서 힘들어 죽겠다고, 더워 죽겠다고 에어컨 타령을 한다.

요즘엔 날씨가 초미의 관심사가 되어 매일 일기예보부터 확인

한다. '비가 오면 비를 다 맞고 다니겠네, 더우면 얼굴 또 빨개져서 오겠네' 하며 지레 뒤숭숭하다. 사회 초년생인 아들이 사무직으로 이직하면 좋겠다는 생각이 간절하다. 떡 줄 사람은 생각도 하지 않는데 김칫국부터 마시는 격이다.

목구멍에 밀어 넣을 비린 밥이라도 해결하지 못하면서 꿈을 말하기는 옹색하기 그지없다. 현실은 차가운 물속에 뜬 달처럼 시리고, 꿈은 허공 속으로 사라지는 연기처럼 잡기 어렵다. 어렵게 잡은 직장에서 아들이 삶의 방향을 알면서 죽을 둥 살 둥 일하는 것인지, 꿈에 가까이 다가가고는 있는 것인지 걱정이다.

월급을 받고 아들이 말한다.

"엄마, 이 돈을 어디다 쓰지? 잘 모르겠네."

대학원 진학을 권하는 교수님의 제의를 뒤로하고 아들은 취업을 선택했다. 그것이 마냥 기쁘지는 않은가 보다. 어디에 써야 할 줄도 모르는 돈을 왜 그렇게 벌어야 할까. 밤을 하얗게 새우며 독서실에 파묻혀, 끝이 보이지 않는 심연에서 건져 올리고자 한 것은 무엇이었을까. 거기에 있던 것이 단순히 생계 수난만은 아닌 모양이다. 이십여 년 가까이 공부한 결과로 받은 월급의 의미와 가치가 불확실하니, 하는 일의 의의도 확신하기 어려울 것이다.

공자는 나이별로 고민이 달라서, 해야 할 공부도 다르다고 했다. 15세에 학문에 뜻을 두었다고(志學) 했는데, 아들이 엉덩이에 땀띠가 나도록 공부했던 시절이다. 공자가 말한 학문은 실용적인 학문이었다고 하니 밥벌이를 위한 학문이었을 것이다. 아들은 이제 열심히 밥벌이하고, 자립하기 위해 애쓰는 이립而立의 나이로 접어들고 있다. 직장 일을 몸에 배도록 익혀 전문가 되기에 힘쓴다. 직장 일도 사는 것도 배워가는 중이니, 그 나이에 어찌 삶을 다 이해할 수 있겠는가.

나는 하늘의 뜻을 아는 지천명知天命을 지나서, 무슨 말을 들어도 귀가 순해진다는 이순耳順을 건너가고 있다. 육십갑자를 다 겪어 보아서 세상 이치에 밝고 심지心志 또한 흔들리지 않아야 한다. 그런데도 귀는 여전히 얇아서, 사람들의 이런저런 말에 이렇게 할까 저렇게 할까 하며 애를 끓인다. 사는 게 뭔지, 어떻게 사는 것이 잘 사는 것인지 모르기는 매일반이다.

귀동냥이라도 하려고 책을 뒤적인다. 양주의 위아爲我, '내 인생은 나의 것' 이라는 구절이 마음에 와 닿는다. 욕망을 잘 조절하여 행복한 삶, 온전한 삶을 살아가라 한다. 재산, 명예, 권력 등은 목적이 아니라 행복해지기 위한 수단이란다. 여러 사람 속에서 분수를 지켜가며 행복을 찾아 살아가라는 것이다. 보이는 것, 듣는 것에 현혹되어 따라 하지 말고, 자신이 원하는 것을 해야 한다.

아들도 살면서 일은 왜 하는지, 왜 사는지도 차차 알아갈 것이다. 나는 살아온 세월은 길지만, 세상은 자꾸 변해서 처음인 것처럼 낯설고 어설픈 것이 많다. 아들의 인생 공부를 곁에서 지켜봐 주고, 아들에게 기대어 배우며 나도 한 걸음 떼어야겠다.

인생은 늘 진행 중이어서 완성이란 없다. 늘 배우며 새로운 꿈을 꾸고 행복을 찾는다.

어른 되기

난산리 고샅길을 달렸다. 하얀색 원통형 본체에 커다란 돔을 이고 있는 건물이 보였다. 저게 뭐냐고 아들한테 물었다. 아들이 운전하는 데 집중이 안 된다고 투덜거렸다. 몰라서 계면쩍어하는 모습에 '피식' 웃음이 났다. 제주도민도 아닌 여행객이 그것을 모른다고 대수랴. 아들이 대학에 갓 들어갔을 때였다. 컴퓨터가 안 되어서 한번 보라고 했더니, 누나한테 말해 보았냐고 퉁명을 떨어서 얼떨떨했다. 엄마 부탁을 들어줄 수 없어서 겸연쩍어 그런다는 것을 나중에야 알았다.

대학에 들어갔다고 갑자기 아는 것이 많아지고 세상 물정에 밝아지는 것은 아니었다. 그런데도 아들이 다 커서 뭐든 알고 있을 것만 같았다. 딸이 대학에 입학했을 때도 그랬다. 타지에 있는 학교에 가는 데 혼자 가라고 하니, 무척 난감해했다. 여태 학교에 다니며 공부만 해서, 우물 안의 개구리일 수밖에 없었다. 그런데도 성인이 되었으니 제 앞가림은 잘할 거라는 선입견에 빠져 있었다.

나이를 먹어 어른이 되었다고 다 어른값을 하는 것도 아니었다. 노년에 접어든 나도 어른이 무엇인지 잘 모른다. 그러니 갓 성인이 된 청년들이 좌충우돌하고 헤매는 것은 어찌 보면 당연하다.

어른값이란 무엇일까. 사춘기 아이 중에는 빨리 어른이 되고 싶어 하는 아이들이 있다. 부모 그늘에서 벗어나 얼른 독립하고 싶어서다. 담배를 피우고, 술을 마시고, 아르바이트하여 돈을 벌며 어른 흉내를 낸다. 어른이 되면 하고 싶은 대로 하고 살 수 있다고 생각한다. 술, 담배를 하고 돈벌이해서 쓰고 싶은 대로 쓰고 사는 사람이 어른일까.

예전엔 어른은 결혼한 사람을 가리켰다. 결혼해야 상투를 틀고 쪽을 찔 수 있었다. 상투를 틀지 못하면 어른 대접을 받지 못했다. 결혼한 사람은 그 집 아이들 이름으로 불리지만, 결혼 못 한 사람은 나이 들어서도 아이들에게도 본인 이름으로 불리었다. 어른 이름을 잘 부르지 않았던 우리 민족의 풍속에서는 굉장한 하대였다. 한마디로 어른값에 들지 못한 것이다. 결혼은 그만큼 중요한 것이었고, 어른으로 들어가는 관문이기도 했다.

요즘 젊은이들은 결혼을 필수조건이 아닌 선택조건으로 여긴다. N포세대라는 신조어가 등장할 정도로 청년실업이 심각하다. 청년들이 경제활동을 못 하니 소득이 없어 여러 가지 희망 사항을 접을 수밖에 없어 생긴 용어다. 현대에 어른으로 들어가는 관문은 취업해서 경제력을 확보하는 것으로 생각된다. 사회 속에 자신의 자리를 마련해서 자기 밥을 해결할 능력이 있어야 한다. 그래야 사회에 뿌리를 내리고, 둥지를 틀 수 있다. 그렇지 못하면 덩치는 부모보다 커도 여전히 부모 품 안에서 살아가는 캥거루족으로 남을 수밖에 없다.

경제적 능력을 갖추었다고 모두 어른값을 하는 것도 아니다. 요즘은 부모님이 회사에 전화해서 우리 애가 비가 와서 지각하니 혼내지 말아 달라고 한다. 헬리콥터 맘이라는 신조어에 비견하는 항간에 떠도는 블랙 유머인지도 모른다. '어른아이' 라는 말처럼 성인이 되었어도 주체적으로 살아가지 못하는, 아니면 자녀가 성인이 되었어도 여전히 간여하는 세태를 풍자하는 것인지도 모른다.

우리나라 교육 구조가 진정한 인간을 키우기보다는 취업 잘하는 인간을 키우는데 전력한다. 남들보다 잘살기 위하여 공부한다고 해도 과언이 아니다. 빠르면 20대 중후반에 취업하여, 학업의 목적을 이룬다. 이제까지는 주어진 대로 시키는 대로 그것만 열심히 하면 착한 아이이고, 효성스러운 자식이었다. 단순히 돈벌이를 목적으로 살아왔다면, 그 뒤에 오는 허무를 뭐라고 말하기 힘들다. 그 뒤에 남은 인생길도 길고 길다. 돈만 벌면 모든 것이 해결될 것 같아도, 기실은 거기부터가 진짜 인생의 시작이다.

아들은 직장에 다니면서, 야근을 밥 먹듯 하고 분명히 힘들 텐데도 힘들다는 내색을 하지 않는다. 그런 아들을 보면 어른 되기 참으로 힘들다는 생각이 절로 든다. 그동안 사회생활로 내공이 쌓인 아들은 이제는 무슨 일이 생기면 자기가 해결해 주겠다고 나선다. 컴퓨터 프로그램을 깔아주고, 사용법도 잘 알려준다.

조금 편한 보직보다는 일을 배울 수 있는 보직을 선택한다. 공장에서 발생하는 모든 일을 알고, 빠르게 대처하고 싶어 한다. 돈벌이의 고달픔 속에서도 꿈을 캐고 경륜을 키워 삶의 가치를 찾아갈 것이다. 그러면서 자신만의 어른의 길을 찾아가리라.

어른 되기는 지극히 당연하고 평범한 것 같지만, 특별하기도 한이 없다. 힘들어도 참고 또 참고, 절제하고 또 절제하며, 고독하고 쓸쓸해도 당당히 홀로 서야 한다.

어딘가에 기대어 살아가는

해가 서쪽 하늘로 기울며 볕이 엷어지고 있었다. 슬슬 저녁거리를 준비해야 한다. 엉거주춤 일어나 냉장고를 열어본다. 냉장고가 가득 차도 고민이고, 비어도 고민이다. 오늘은 텅 비었다. 몸은 귀찮다고 꾀를 잔뜩 부리지만, 머릿속에서는 식구들이 먹을 반찬거리가 없으니 장을 보러 가라고 한다. 배고파서 귀가하는 식구들에게 변변하게 내놓을 것이 없으면 마음이 편하지 않다. 그 불편함이 현관문을 열고 나가라고 등을 떠민다.

바람이 불고, 먹구름이 퍼지고 있다. 마트로 향하는 걸음이 빨라진다. 무언가 옆을 날쌔게 스쳐 지나간다. 까만 양복에 하얀 와이셔츠를 받쳐 입은 제비다. 전원주택에 사는 지인의 말이 생각난다. 지인의 집 처마 밑에 제비가 둥지를 틀고 살았다. 한동안 집을 비우자 제비들이 날아가 버렸다. 제비도 집주인을 의지해서 사는 것이라고 했다. 제비가 자신과는 전혀 다른 생명체인 인간을 의지해서 살다니 참으로 신기한 일이었다.

대형상점 앞에 할머니 두 분이 쪼그리고 앉아, 땅바닥에 비닐을 깔고, 호박, 오이, 참외, 청국장 등을 몇몇 개씩 모아 늘어놓고 있다. 검정 야구모자를 쓴 중년의 아저씨도 좌판에 김, 다시마, 멸치 등을 벌여 놓았다. 다시마가 필요해서 하나 달라고 했다. 아저씨가 다리를 약간 절며 나오면서 검은 비닐봉지를 꺼내 들었다. 너무 커서 들고 가기 힘드니까 한 번 접어서 넣어달라고 하니, 그렇게 하면 부러져서 좋지 않다고 했다. 아침에 다시마를 꺼내 놓으면 약간 눅눅해져서 자르기 좋다고 낮은 목소리로 조곤조곤 일러 주었다. 아저씨는 온종일 서서 손님을 기다리다가 저녁이 되어서야 식구들이 기다리고 있는 집으로 돌아가리라.

삶의 굴레에 매어 머리가 하얗게 세고 주름이 자글자글해도, 다리가 불편해도, 온전한 일터일 수 없어도 큰 상점에 기대어 전을 벌였을 것이다. 처마 밑에 둥지를 튼 제비들처럼……. 그 집 식구들도 그들에게 기대어 살아갈 것이다.

어떤 사람에게는 든든한 기댈 언덕이 있다. 혹은 기대려고 해도 기댈 데가 없어서 힘이라곤 없는데도, 버팀목이 되어야 하는 사람도 있다. 기댈 만해서 기대는 것이 아니라, 기댈 데라곤 없어서 어쩔 수 없이 기대는 것이라고 한다. 서로 간에 꼭 믿어서

가 아니라, 이 세상 한 모서리에서 같은 시각, 같은 장소를 우연이라도 스치는 인연에 기대어 살기 때문일 것이다.

알고 있는 혹은 알지 못하는 수많은 인연으로 삶의 시간을 엮고 있다. 스쳐 지나간 제비, 마트 앞에서 찬거리를 파는 할머니들과 아저씨는 나랑 깊은 인연은 없다. 그래도 인생의 한 장면에 엑스트라처럼 출연하여 내 삶의 한 땀을 뜨고 있다. 전생에서 오천 번 만나야 현생에서 한 번 만난다고 한다. 전생에서 이들과는 어떤 인연이었을까? 현생에서는 제비에게는 옛 기억을 기대고, 할머니 · 아저씨에게는 저녁 밥상을 기대고 있다.

코끝을 스치는 바람도 수만 년을 불다가 나에게 닿았을 것이다. 주변 사람도 기氣가 수만 년을 흩어졌다 모이기를 반복하다 나에게 닿아 부모나 자식, 언니나 동생, 친지나 이웃으로 만난 것은 아닐까. 인연이 닿는 것은 정말로 기적 같은 일이 아닐 수 없다. 나에게 닿은 인연들이 고맙고, 삶의 고달픔으로 안쓰럽다.

세상 만물이 서로 엉켜 기대어 산다. 나무는 불어오는 바람에 꽃가루를 날려 보내고, 꽃들은 찾아오는 벌에게 자손을 의지한다. 담쟁이는 담에 기대어 올라가고, 나팔꽃은 덩굴손을 내어 잡을 수 있는 것을 찾는다. 등나무는 서로 얽히고설켜 보라색 꽃을 피운다. 여리고 작은 꽃은 무리 지어 어울려 산다.

나는 불어오는 바람으로 숨을 쉬고, 자연에서 나는 것을 먹는다. 밤하늘의 시린 별에게 마음에 부는 거센 바람과 쏟아지는 비를 하소연하기도 한다.

억겁 세월 속에 인간의 삶이 찰나에 불과하다 해도, 무한한 시공간 한 점 티끌밖에 안 되는 육신이라 해도 주어진 시간을 살아내야 한다. 그래서 가족을 이루어, 서로 등을 비비며 의지하여 사나 보다.

현관문이 열리며 "다녀왔습니다. 엄마! 이게 무슨 냄새야?" 하는 딸내미의 기대에 찬 목소리가 들린다. 서둘러 밥상을 차린다. 다시마 국물에 장을 끓이고, 애호박구이 무침을 했다. 다시마는 육지로 나와도 여전히 잎 가장자리가 물결치고 있다. 그래서인지 청국장에 시원한 바다 내음이 스미어 있는 것 같다. 약간 도톰하게 썰어 구워 무친 애호박 무침에는 비와 햇볕과 대지의 구수한 기운이 배어있다. 자연과 잠깐 스친 인연에 기대어 저녁 한 끼를 마련했다. 딸내미도 거기에 기대어 지친 몸을 추스른다.

어느 것 하나 기대지 않고 홀로 되는 것은 없다. 장석주 시인은 붉은 대추 한 알도 태풍 몇 개, 천둥 몇 개, 초승달 몇 날 등이 어우러져야 만들어진다고 한다. 세상 만물과 크고 작은 마주침에 인연이 아닌 것이 없다. 앞으로도 수많은 인연의 거미줄에 얽혀 살아갈 것이다. 마음에 먹구름이 가득 낄 때도, 어딘가 한 줌 기대고 있을 것이다. 바람에 부대끼는 갈대가 서로 기대어 넘어지지 않듯, 가냘픈 어깨라도 서로 비비며 살 일이다. 그러노라면 조금은 살 만한 세상이 될지도 모른다.

제3부

함께 흘렀기 때문이다

수줍음

MBTI 성격유형검사를 했는데 ISTJ형이다. 내향적(I)이며 감각적(S)이고, 감정(F)보다는 사고(T)를, 인식(P)보다는 판단(J)하는 유형이다. 내향적이라서 깊이 있게 생각하는 경향은 있지만, 사람을 대할 때는 서먹서먹해하고, 피하고 싶어 한다. 실용적이고 객관적이고 효율적인 것을 좋아하는 성격이다. 상상력과 융통성이 있고 통찰력이 있으며, 원만한 포용력이 있는 성격이기를 바랐지만, 그것과는 거리가 멀었다.

성격검사가 끝나고 선생님에게 성격이 바뀔 수도 있냐고 물었다. 선생님은 감이 사과로 바뀔 수는 없고, 다만 감을 더 맛있고 크게 만들 수는 있다고 했다. 그래도 사회생활을 하면서 조금은 바뀌겠지 했지만, 그런 성향은 더 강화되는 것 같았다.

내향적이고 숫기가 없는 것은 초등학교 저학년 때부터 알고 있었다. 초등학교 3학년 때 선생님이 배운 것을 나와서 설명하라고 했다. 틀리고 싶지 않아서 속으로 웅얼거리며 나갔다. 선생님은 우물거리는 것이 답답했는지 그냥 들어가라고 하셨다. 발표하지 않고 들어갈 수 있어서 좋았다. 분명 엄청나게 떨었을 테니까……. 여러 사람 앞에 나서서는 것을 겁내서, 될 수 있는 대로 피했다. 하다못해 조별 활동의 조장도 안 하려고 했다. 주어진 일은 끝까지 해내려고 했지만, 앞에 나서서 팀을 이끌어가는 것은 힘든 일이었다.

중학교 다닐 때도 숫기가 없고 주변머리 없기는 매한가지였다. 누군가를 만나면 할 말이 궁하고 어색하기 그지없었다. 사람 대하기를 어려워하던 성격 때문인지, 혼자 할 수 있는 소설책 읽기 등 책 읽는 것을 좋아했다. 수줍음은 더 커졌고, 혼자 있는 것이 점점 더 편해졌다.

한번은 같은 반 친구가 내가 자전거를 타고 지나갈 때 불렀는데도, 아는 척도 하지 않았다고 따져 물은 적이 있었다. 자전거는 탈 줄도 모른다고 적극적으로 표현해야 하는데 어눌어눌하고 말았다. 말이 적고 표현력이 부족한 면이 남을 무시하는 무심하고 쌀쌀맞은 애란 평을 듣게 했다.

친구들에게 나의 수줍음은 불편한 것이었다. 그냥 할 말을 못 찾아 조용히 있는 것뿐인데, 친구들은 그런 나를 말 붙이기도 어러운 도도하고 까칠한 애로 보았다. 이런 성격이 대인관계를 좁게 하고, 원만하지 못하게 만들었다. 내 수줍음은 그런 면을 개선할 능력이 없었다.

성인이 되어 직장 생활할 때도 변함이 없었다. 직장 동료한테 무언가를 전달하러 갔는데 동료가 차 마시고 가라고 했다. 나는 벌써 할 말도 없고 어색해서 바쁘다는 핑계를 대고 돌아왔다. 다른 사람과 친해질 기회는 늘 새가 되어 날아갔다. 회의할 때도 말할 순서가 되면 미리부터 숨을 몇 번씩 들이마셔야 했다. 그러다 보면 마음이 가라앉아서 차분히 설명할 수 있었다. 그런 면이 엉뚱하게도 과묵하고 신중하게 일 처리를 잘한다는 호평을 받게도 했다.

고등학교 선생님이 4당5락이라서, 4시간 자면 대학에 붙고, 5시간을 자면 떨어진다고 하셨다. 그 말씀을 금과옥조로 여기고, 자정에 자고 새벽 4시에 일어나서 공부했다. 시키는 것, 주어진 것을 하는 데는 큰 어려움이 없었다. 하지만 과제가 생기면 깊이 생각하고 나름대로 아이디어를 짜내는 것이 아니라, 자료 찾기부터 시작했다. 자료를 모아 체계적으로 일목요연하게 정리하고 결론을 끌어내는 것은 무리가 없었다. 하지만 창의적인 아이디어를 내는 것은 하늘의 별을 따는 것 같았다.

이런 성격은 자잘한 오해를 낳기도 하고, 깊이 있게 생각하고 어떤 일을 끝까지 추진하는 데 원동력이 되기도 했다. 어쨌든 아직도 ENTP형(외향적이고 직관적이며, 사고력 있고 인식하는 성격)이었으면 한다. 붙임성이 있어서 교우 관계가 넓고, 기존의 관념에 얽매이지 않아서 상상력이 뛰어나 아이디어가 반짝이는 사람, 표현력이 우수한 사람이 되고 싶다. 하지만 이런 것은 내게 없는 것이다. 있는 것을 더 계발할 생각은 안 하고, 내 것이 아닌 것을 욕심 부리다니…….

나이 들어도 성격이 바뀌는 것은 아닌가 보다. 그래도 예전보다는 쓸데없는 이야기라도 늘어놓는다. 모르는 것이 그렇게 흉도 아니며, 다른 사람도 나랑 비슷할 것으로 생각한다. 이젠 조금 능청도 떤다. 사람이 완벽할 수도 없고, 그럴 필요도 없다는 것을 안다. '예전의 떫고 작은 감이 조금은 커져 맛이 들었으면 좋을 텐데' 하는 생각을 한다.

천재인 한비자도 말을 더듬었다고 한다. 쑥스러워하며 주변머리 없는 내가 할 말을 못 찾아 버벅거리는 것쯤은 너무나 당연한 일이라고 스스로 위로한다.

책 읽기

자투리 시간이 생긴다. 무엇을 할까 망설이다가 읽다가 만 책을 펴든다. 온갖 걱정거리가 뒤로 물러앉는다. 책 속 세상이 펼쳐지니, 잡생각들이 기웃대다가도 이내 사라진다. 책에 빠져, 책과 나만 남는다.

'백운동' 이라는 편액을 건 소수서원에 간 적이 있다. 날렵한 처마와 정갈한 마당이 있고, 원생들의 기숙사인 학구재와 지락재가 있다. 이곳은 지금도 인가가 많지 않으니, 예전에는 더 그랬을 것이란 생각이 든다. 멀리서 학문을 꿈꾸는 이들이 찾아와 글 읽기를 일상으로 삼았을 것이다.

서원 외곽으로 맑은 죽계천이 흐른다. 그 위에 걸쳐진 백운교를 건너면 취한대가 보인다. 탁청지에는 진흙 속에서 살면서도 물들지 않는 연들이 꽃을 가득 피우고 있다. 탁한 세상에 물들지 않고, 물처럼 스스로 가장 낮은 곳에 처하여 모든 것을 끌어안을 줄 알아야 하는 선비들의 마음가짐을 서원의 구조에 그대로 반영한 듯하다. 책이 귀했던 시절인데 장서각도 갖추고 있다. 선비들의 글 읽는 소리가 흐르는 물소리처럼 청아하게 울려 퍼지는 듯하다.

책이 있고, 좋은 스승이 있으며, 절제된 아름다운 풍치가 돋보이는 서원에서 학문에 전념할 수 있었다니 부럽기 그지없다. 옛 선비들도 요즘 식으로 말하면 공무원 준비를 한 것이란 생각이 든다. 과거 급제는 요즘 행정고시에 합격한 것과 같았을 것이다.

동행들과 우스갯소리를 했다. 세상만사에 시달리지 않고 이런 곳에서 글만 읽고, 과거 공부만 한다면 한 번 해볼 만한 것 아니냐고 했다. 동행들이 옛날에 태어났으면 양반으로 태어났을 것 같냐고 하며 웃었다. 양반집 종으로 태어났을지도 모른다는 것이었다. 실없이 웃음이 절로 나왔다. 현대는 신분제가 아니라서 여자로 태어났어도 직장에도 다니고, 이만큼 살고 있다는 생각이 든다.

조선 정조 때 규장각 검서관을 지낸 이덕무는 추위를 이기기 위해 『한서』를 덮고, 『논어』로 병풍을 치고 잤다. 책을 낭독하여 추위로 떨리는 몸을 진정시키고 배고픔을 잊었다. 기침병에도 책을 소리 내어 읽어 목을 시원스레 트이게 했다고 하니, 책이 그에게는 약이고 양식이었던 셈이다.

이덕무는 서출이라서 아무리 책을 많이 읽어도 자기 뜻을 세상에 펼칠 수 없었다. 양반도 평민도 아닌 그가 할 수 있는 일은 책 읽기밖에 없었을 것이다. 신분 세습으로 집안은 가난하기 이를 데 없었다. 다른 밥벌이를 하기도 힘든 이들의 삶이 얼마나 딱했을까. 그래서 이덕무는 자신을 '책만 보는 바보, 간서치看書痴'라고 불렀는지도 모른다. 굶주린 배를 끌어 안고, 책을 읽고 있는 옛 선비들의 모습이 떠오른다. 책이 그들이 꿈꾸었던 세상을 열어주지도, 가난을 해결해 주지도 않았다. 그래도 글 읽기를 그치지 않았다.

책 읽기는 무엇일까. 삶의 방편이 되어줄 수 없는 책 읽기는 어떤 의미가 있을까. 교양을 쌓고, 수신修身을 위해 책을 읽는 것이 뜬구름 잡는 소리일지도 모른다. 사회 구성원일 수밖에 없는 개인은 자기가 가지고 있는 지식이나 기술을 사회에 펼치기를 원한다. 거기서 정체성을 찾고 자신의 가치를 인정받고자 한다. 쓰이지 못하고 머릿속에만 있는 지식은 길어 올리지 않은 우물물과도 같은 것이다. 그런 지식은 외로움과 망상의 온상일 수도 있다. 그래도 어디에 쓰이지 않아도 인간의 지식에 대한 열망을 그치지 않는다. 작은 지식이라도 알아가는 기쁨에 책 읽기는 끝없이 이어진다.

요즘은 일상생활에서의 쓰임이나 밥벌이와는 관계가 없어도, 내가 좋아하는 책을 읽고 싶다. 책은 나에게 자신이 가진 이야기를 들려주어 상상의 나래를 펴게 한다. 부족함을 채워주고, 나를 다독거린다. 지금보다 나은 나를 꿈꾸게 한다. 책을 읽으면 '작은 나' 가 '좀 더 괜찮은 나' 로 커가는 것 같다.

책을 읽고 있는데 밥때가 되면, 누군가 밥을 지어주며 책이나 읽으라고 했으면 좋겠다. 경치 좋은 곳에 앉아 책을 읽고 싶다. 맑고 깨끗한 물이 흐르는 정자에 앉아 친구들과 담론을 나누고, 세상 돌아가는 이야기를 하면 좋겠다.

나를 설레게 하는 것들

나무들이 꽁꽁 숨겨 두었던 새싹을 밀어내, 아기 손바닥 같은 새잎들이 우후죽순처럼 터져 나온다. 새싹을 축복하는 햇빛과 애무하듯 파고드는 실바람에 나뭇잎이 몸을 뒤척인다. 폭죽처럼 터져 나오는 꽃들이 기쁨의 함성을 지른다. 꽃가루가 춤을 추며 짝을 찾고, 씨앗들이 줄줄이 바람을 탄다. 폭발적으로 터져 나오는 생명의 함성이 울울창창하여 하늘에 닿을 듯하다. 새색시처럼 꿈 많은 봄이 연두로도 풀어내고 빨강으로도 풀어내, 세상이 꿈꾸는 듯하다. 그 기쁨의 소리가 웅장한 하모니가 되어, 가슴 깊숙이 울려 퍼진다. 봄이 당당히 자기 길을 걸어가며 부르는 생의 찬가를 들으면 마음이 설렌다.

겨우내 몸을 웅크리던 햇빛이 물 위에 몸을 부려놔, 크리스마스트리처럼 반짝거리는 윤슬이 나를 부른다. 그곳으로 오라고 손짓한다. 그것을 따라가면 삶의 질곡이 없는 색다른 꿈의 세계가 펼쳐지고, 때 묻지 않은 사람들이 나를 반겨줄 것 같다.

도시의 밤을 밝히는 네온사인과 집집의 불빛에 마음 설렌다. 은은한 불빛 너머에는 밥상을 차려놓고 기다리는 다정한 어머니가 있다. 어디선가는 뜻깊은 만남이 있고, 쓸쓸한 이별도 있을 것이다. 사람들이 빌었을 소망이 별이 되어 진청색 하늘에 수를 놓는다. 삶이 아롱진다.

어두운 방, 생일 케이크를 밝힌 촛불을 불어 끄기를 기다리는 식구들의 환한 얼굴이 나를 설레게 한다. 좋은 일이 많이 생기고, 더 성장하기를 바라는 마음으로 얼굴에 꽃이 핀다. 아이가 어디든 달려갈 수 있다는 기대와 믿음이 날개를 단다. 원하는 것들을 하며, 행복해지기를 바라는 웃음으로 촛불이 일렁인다.

기적을 울리며 달리는 열차가 몇 량인지 셀 때 가슴이 설렌다. 차창에서 새어 나오는 불빛이 신비롭다. 현실에 묶이지 않고 툭툭 털고 떠날 수 있는 사람들이 타고 있지 않을까. 어디로 달려갈까. 그곳은 어떤 곳일까. 나도 승객이 되어 어딘가로 떠날 수 있지 않을까. 저 기차에 타면, 자유와 안락이 있는 곳으로 갈 수 있을까. 이런저런 생각이 기차 꽁무니를 줄줄이 따라간다.

여행은 늘 설렌다. 늘 반복되는 일상에서 벗어나, 새로운 것을 보고 새로운 경험을 할 기회다. 끼니 걱정, 잠자리 걱정에서 벗어나, 다른 사람이 지어주는 밥을 먹고, 세탁을 걱정하지 않는 잠자리에서 쉴 수 있다. 나만의 상념에 빠질 수 있다. 아무도 나의 게으름을 불편해하지 않는다. 나만의 일탈이 나를 부자로 만든다. 상아로 집을 짓기도 하고, 구름에 누워 잠을 자기도 한다. 여행을 통해 나를 들여다보고 또 다른 나를 만난다.

새로운 꿈을 갖게 되었을 때 가슴이 두근거린다. 첫눈이 내릴 때, 아무도 밟지 않은 숫눈을 밟을 때처럼 한 번도 가보지 않은 길에 첫발을 내딛는 것이다. 어떤 길인지도 모른다. 숲속에 난 좁지만 향기로운 오솔길일 수도 있고, 잘 포장된 8차선 도로일 수도 있다. 다람쥐 쳇바퀴 굴리듯 반복되는 일상에서 찾은 작은 꿈으로 이제껏 걷지 않던 길을 걸을 수 있다. 그 길을 더 길게 만들어 갈 수 있다. 내 삶이 아직도 굳세게 이어진다.

무지개를 보면 설렌다. 어떨 때는 쌍무지개가 뜬다. 그것이 걸쳐있는 곳은 아름답기 그지없을 것 같다. 빛의 스펙트럼이 보여주는 일곱 빛깔 무지개를 잡으러 어린 시절에는 많이도 뛰어다녔다. 아직도 무지개를 좇아가고 싶다. 워즈워드가 말한 것처럼, 더 나이 들어 무지개를 봐도 여전히 가슴이 뛸 것이다.

꽃이 자신의 여행을 마치고 비처럼 쏟아져 거리에 나붓이 내려앉을 때, 가슴이 두근거린다. 이 아름다운 생명체가 다음을 기약하며, 작은 열매를 두고 떠나왔을 것이다. 열매는 뜨거운 태양에 몸을 키우며 자기만의 꿈을 또 꿀 것이다.

카페에 앉아서 타레가의 '아람브라 궁전의 추억'을 들으면, 환상적이기 그지없던 아람브라 궁전의 분수가 떠오른다. 낯선 곳에 들어설 때 고본 향이 나면, 그 독특한 향기가 났던 그리운 장소를 불러 설레기 그지없다.

비 떨어지며 나는 향기로운 흙내음에 마음 설렌다. 비가 흙을 부드럽게 하고, 씨앗을 불려, 움이 트게 할 것이다. 흙이 키워갈 푸른 들이 벌써 보이는 듯하다. 흙내음은 어린 시절 놀던 그리운 시골 마을을 떠오르게 한다. 마루에 앉아, 넓은 앞마당에 떨어지는 흙냄새 묻은 비 냄새를 맡으며 한없이 들판을 바라봤었다.

인생은 외갈래 여행길로 한 번 지나오면 돌아갈 수 없다. 전인미답이며 나 아니면 아무도 갈 수 없는 길이다. 아기가 첫발자국을 떼듯 언제나 어디서나 첫발자국이다. 나이 들어서도 날마다 처음이고, 그래서 삶은 늘 설렌다. 마음에는 여전히 무지개가 뜨고, 새싹들이 부르는 생의 찬가를 듣는다. 희망과 자유를 꿈꾼다면 심장은 늘 설렘으로 고동칠 것이다.

길 위의 대화

어느새 어둠이 내리고, 주위가 사위어간다. 집들이 거뭇하게 가라앉는다. 주변 사물들이 본래의 모습으로 돌아가려는 듯, 분주하던 낮의 시간을 정리하고 있다. 열매를 영글게 하려고, 키를 높이고 가슴을 넓게 벌려 햇빛을 껴안던 호두나무도 숨을 고르려는 듯하다. 비릿하고 야릇한 냄새가 묻어온다. 밤나무다. 꽃만으로는 다른 꽃과 겨루기 힘들어, 독특한 향기로 자신의 존재를 알리려고 하는가 보다. 밤꽃도 열매를 맺고 자신의 분신을 땅에 떨구어 다음 세대를 이어가려고 한다.

'밤꽃이 필 때 장마가 졌었는데' 하는 생각이 난다. 겨우내 먹을 양식을 준비하기 위해 논에 물을 대고 모내기할 때다. 낮과 밤이 교차하며 시간은 끝없이 흘러서 다음에 찾아올 시간을 위해 마음의 양식도 준비해야 한다.

벗들과 함께 도서관에서 하는 논어 강의를 듣고, 집으로 돌아가는 길이다. 공자는 배우는 기쁨을 최고의 기쁨으로 쳤다. 그리고 자신만큼 배우는데 열심인 사람이 없다고 자부했다. 그래서인지 공자는 『논어』 학이편學而篇 1장에서 "배우고 때때로 익히면 즐겁지 아니한가. 벗이 먼 곳에서 찾아오면 기쁘지 아니한가, 남이 나를 알아주지 않아도 성내지 아니하면 군자가 아니겠는가(學而時習之, 不亦說乎? 有朋自遠方來, 不亦樂乎? 人不知而不慍, 不亦君子乎)" 라고 말했다.

아이들이 엄마의 하루 일상이 궁금해서 묻는다.

"엄마, 오늘 스케줄이 뭐야?"

"공부쟁이 아줌마들 만나."

오늘 강의를 함께 들은 벗들의 별명이 '공부쟁이 아줌마' 다. 벗들이 그렇게 불리는 것을 알고 무척 흡족해한다. 배운다는 것은 누구에게나 기분 좋은 일인 것 같다. 배우는 이유야 여러 가지지만, 모르는 것을 알아가는 기쁨이 큰 몫을 차지할 것이다.

사람들은 많이 아는 사람에게 고개를 숙인다. 인간이 살아가는 이유와 존재가치, 기술적인 삶의 방법 등을 먼저 깨우쳐 다른 이에게 삶의 등불이 되어주기 때문일 것이다. 오늘 강의는 인류의 현자로 꼽히는 공자의 생각을 엿볼 수 있는 시간이었다. 제일 큰 언니가 한 말씀 하신다.

"우리가 딱 그러네. 안 써먹어도 벗들과 같이 공부하러 다니고……. 얼마나 좋아."

"하하하~~"

기분 좋은 웃음에 호두열매가 영글어 가고, 밤꽃이 덩달아 향기를 더한다. 배운 것으로 밥벌이하지 않아도 배움을 좋아하는 벗들의 흐뭇한 마음이 푸근하게 전해진다.

앞으로 다가올 시간을 조금은 낫게 준비할 수 있는 것에는 배움만 한 것이 없다. 공부하며 얻는 깨달음으로 지난 삶을 조금 더 이해할 수 있고, 자신과도 화해할 수 있다. 배움은 오리무중 같은 삶도 더 긍정적으로 받아들이게 하여, 앞으로 나아갈 수 있는 원동력이 된다.

밝은 달이 아파트 숲 사이로 얼굴을 내밀고 지나가는 사람들의 머리를 비춘다. 사람들이 바쁘게 스쳐 가고, 차들이 정신없이 멀어져 간다. 살아보니 바쁘게 살았다고, 더 많이 거두고 행복해지는 것도 아니었다. 그래도 바빴던 시간만이 좋은 시간처럼 느껴져, 늘 무엇인가를 숨차게 해야만 마음이 안정되었다. 그런 분주한 시간도 익어가서 조금은 넉넉하게 여유롭게 세상을 보는 안목이 생겼으면 좋겠다.

밤에도 강의를 들어 흡족한 우리는 간이 버스정거장에 앉아 수다를 떤다. 달이 어둠 속에서 빛을 나누어주듯, 공부쟁이 아줌마들이 나누어준 즐거움이 가슴 가득 차오른다. 같이 배우는 즐거움이 삶에 조미료가 되고, 활력소가 된다. 밤에 하는 이 공부가 마음의 양식이 되어 세상을 보는 눈을 열어줄 것 같다. 조금쯤 살아가는 것을 알아가리라 기대한다.

차향은 깊어지고

향긋한 향기가 문틈으로 새어 나온다. 온갖 꽃들이 가득 피어 있을 것 같은 다례실 문을 연다. 차벗들이 하얀 다기를 앞에 두고 앉아 있다.

크리스마스 시즌에는 크리스마스 한정 차가 많이 나온다. 과일이나 꽃향을 가미하여 새로운 맛과 향을 내는 녹차다. 이 시즌 특성상 달콤하고 사랑스러운 향을 가미한 차가 많다. 일반 녹차만 알고 있던 나에게는 색다른 별세계다.

보글보글 찻물 끓는 소리가 들린다. 크리스마스 차를 우리니, 꽃이 가득 핀 들판에서 싱그러운 꽃향기가 불어오는 듯하다. 꽃이 활짝 피어난다는 착각에 빠진다. 찻잔을 가만히 들어 향기를 맡는다. 차를 한 모금 마신다. 옅은 녹색 찻물이 온몸에 퍼진다. 맑은 바람 소리와 부드러운 햇볕이 이런 차를 만들었으리라. 꽃내음 가볍게 도는 차향이 오늘 하루를 어떻게 지낼 것인지, 기분은 어떤지 묻는다. 차향에 응답하듯 차벗들의 소소한 이야기가 흘러나온다. 차향이 그윽하게 익어간다.

가고시마에서 사 온 차를 마시니, 거기로 여행 갔을 때 이야기가 나온다. 초밥집에 갔을 때였다. 초밥집 좌석은 겉으로 보기에는 좌식이지만, 의자에 앉는 것처럼 다리를 아래로 넣게 되어 있었다. 한 차벗이 아무 생각 없이 일반 좌식처럼 앉다가 새우튀김 접시를 엎으면서 뒤로 넘어졌다. 그 친구는 그 음식을 그냥 먹겠다고 하며 겸연쩍어했다. 우리는 다른 손님들 눈치를 보며 웃기에 바빴다. 친구 걱정은 안 해주고 다들 웃기만 해서 섭섭했다고 한다. 옛 기억이 새로워서 또 한 번 행복하게 웃는다.

중국 백차 철관음을 마시고, 기대하던 말차 순서가 되었다. 가고시마에서 크리스마스 티와 함께 사 온 말차다.

선생님이 말차를 준비하기 위해 말 찻잔을 꺼낸다. 예전에 문경 도자기 박물관에 갔을 때 찻잔의 크기에 놀란 적이 있다. 일반적인 찻잔과는 달리 국수 그릇처럼 컸다. '자를 사발로 마시나' 하던 의구심이 비로소 해소되었다. 가루차에 물을 붓고 저어야 해서 그렇게 컸다.

찻사발에 가루차를 덜고, 탕수를 부어, 다선으로 '마음 심心' 자로 저으니, 하얀 꽃이 핀다. 짙은 녹색 차 위에 피어난 유화를 보니, 얼른 마시고 싶다. 말차는 죽마고우나 친한 지인이 아니면 대접하지 않는다는 차다.

시범으로 격불한 말차가 내 앞으로 왔다. 얼떨결에 그 차가 얼마나 귀한 차인지 생각하지도 못하고 찻사발을 든다. 말차를 한 입 베어 먹는다. 차향이 입안 가득하다. 넓게 펼쳐진 녹차밭과 윤기 나는 도톰한 찻잎이 떠오른다. 찻잎을 통째로 갈아 마셔서 생경하지만, 귀한 차를 마셔볼 수 있어서 좋았다.

어떠냐고 묻는 선생님 질문에 차 마시기 초년생인 나는 뭐라고 표현할 말을 찾지 못한다. 찻잎을 우려서 마시다가 말차를 마시니, 신선한 차향과 짙은 차 맛이 새롭기만 하다. 그저 말차를 더 마셔보고 싶다는 작은 소망 하나 생겼다.

차는 비타민C가 많고, 이뇨작용을 도우며, 정신 집중에도 도움이 된다고 한다. 아마도 그런 것은 부차적일 것이다. 이렇게 차를 마시고 웃으며 대화를 나누니, 즐겁고 행복하다. 그것이 차를 찾는 진정한 의미가 아닐까. 차를 나누어 마시는 즐거움으로, '사는 게 이런 거지' 하는 생각을 한다.

오늘도 차를 우린다. 온몸으로 퍼지는 차 한 모금이 또다시 하루가 시작되었음을 알려준다. 한 잔의 차가 아침 갈증을 가라앉혀 주고, 하루를 시작할 힘을 준다.

시모임을 생각하며

인왕산 자락에 깃들인 윤동주 문학관 앞에 섰다. 인왕산에는 늠름한 나무들이 바람에 나부끼고 있다. 잎새에 이는 바람에도 괴로워했던 윤동주의 가슴앓이가 겹친다. 일제의 강점으로 푸릇푸릇한 패기가 고뇌로 일그러졌던 윤동주의 일생에 가슴이 먹먹해진다. 그 가슴앓이를 시로 썼던 그를 이야기하며 문학관 뒤로 이어진 시인의 언덕을 걷는다. 난간에 걸린 정선의 「인왕제색도」에 끌려 걸음을 멈춘다.

「인왕제색도」는 비안개가 걷히며 드러나는 인왕산을 힘친 붓질로 웅장하게 그려냈다. 인왕산은 조선 왕조를 수호했던 내사산 중 하나로, 많은 인재와 필운대 · 세검정 등 한양을 대표할 만한 절경을 품고 있다. 이 그림을 보고 있노라니, 김홍도가 비 온 뒤 인왕산을 배경으로 그린 「송석원시사야연도松石園詩社夜宴圖」가 떠오른다.

조선 후기에는 문인들의 사적인 모임인 아회가 주로 인왕산 일대에서 자주 열렸다. 정약용은 어느 글에서 “살구꽃이 피면 한 번 모이고, 복숭아꽃이 처음 피면 한 번 모이고, 한여름에 참외가 익으면 한 번 모인다. 가을이 되어 서늘해지면 서지에서 연꽃을 구경하려 한 번 모이고, 국화꽃이 피면 한 번 모인다. 겨울에 큰 눈이 내리면 한 번 모이고, 한 해가 저물 무렵에 화분에 심은 매화가 꽃을 피우면 한 번 모인다.”라고 했다. 각종 꽃이 피는 것을 기회로 만났고, 눈이 와도 만났다. 벗과 글을 좋아하고, 자연을 사랑한 선비들이 떠오른다.

「송석원시사야연도」는 인왕산 아래 옥류동에 있는 천수경(1758~1818)의 자택인 송석원에서 열린 옥계시사 밤 모임을 그린 그림이다. 아회는 음력 6월 15일 유둣날 낮에 있었고, 장맛비가 멋은 후 밤에 한 번 더 가졌다. 낮 모임은 이인문(1745~1824 이후)의 「송석원시회도松石園詩會圖」에 잘 나타나 있다. 선비들이 낮에는 시원한 계곡 가까이 모였다가, 밤에는 송석원 뒤뜰에서 만났다.

무더운 한여름 밤, 장맛비가 지나가 찌는 듯한 더위가 조금 가시고, 보름달이 둥실 떠오르자, 더위도 피하고 밝은 달을 보려고 옥계시사 회원들이 모였을 것이다. 옥류천이 시원스러운 물소리를 내며 흘러가고, 푸른 나뭇잎 사이로 달빛이 투명하게 떠돌았을 것이다. 풀벌레 소리 나직하게 사방에서 들렸으리라. 한여름 밤에 회원들이 모여 시와 글을 지었다. 구름 속에 달이 흘러가고, 벗이 자작시 읊어주는 소리 들리는 듯하다. 옛 문인들의 흥취가 절로 다가온다.

현대에 사는 나는 글쓰기반 수업이 끝난 후, 글벗들과 찻집에 앉아 있다. 시와 수필 쓰기에 관한 이야기가 한창이다. 향기로운 차를 마시며, 글벗의 자작시 낭송을 듣는다. 자작시에 자신의 목소리를 입히니, 시가 살아있는 듯하다. 다른 글벗의 답시가 이어진다. 낭송을 들으니, 「송석원시사야연도」 화제인 마성린(1727~1798)이 쓴 "붓끝의 조화가 사람을 놀라게 하고 혼몽하게 한다(筆端造化 驚人昏懜)"라는 시구가 떠오른다. 글벗의 시 짓는 재능이 놀랍고, 글 내용을 잘 살리는 낭송이 참으로 부럽기만 하다.

다른 사람의 글을 읽고 그 글의 장단점을 생각하며, 내 글이 어떠한지 반추한다. 마음에 울림이 있는 아름다운 글을 읽으면, 탄성이 절로 터진다. 다른 사람의 좋은 글을 읽으며, 내 글솜씨도 조금은 나아지기를 소망한다.

옛 선비들처럼 글모임을 하며, 벗과 좋은 글을 함께 읽고 세상 사는 이야기를 나눈다. 서로의 글을 나누며, 좀 더 나은 글을 쓰는 것이 예나 지금이나 글 쓰는 사람들의 꿈일 것이다.

낚시꾼의 기다림을 생각하며

인생은 선택의 연속이다. 점심으로 청국장을 먹을 것인지 비지장을 먹을 것인지 하는 가볍고 간단한 것에서부터, 미래에는 어떤 모습으로 살 것인지 하는 좀 무거운 것까지 끝없는 선택의 갈림길에 선다. 그런 선택점이 하나둘 모여서 '나'의 정체성을 만들고, 그 특성들로 나만의 인생 곡선을 그린다.

어버이날이라서 아들 차를 타고 모처럼 가족 나들이를 했다. 아들이 출퇴근할 차가 필요해서, 내가 타던 낡은 차를 물려주었다. 처음에는 차를 몹시 바꾸고 싶어 하더니, 여러 가지 차 부속을 바꾼다. 낡은 차에 뭘 그렇게 하느냐고 묻자, 차가 죽을 때까지 타겠다고 한다. 그러면서 새 차를 이미 산 내게 묻는다.

"엄마는 조금 기다렸다 신형을 사지 그랬어?"

딸도 한마디 거든다.

“새로 나온 게 훨씬 길어 보이고 예뻐.”

내 차의 신모델이 옆을 스쳐 지나갈 때마다 한마디씩 듣는다. 신모델이 세차하기도 더 힘들고 비싸다고 스스로 위로한다. 그러면서도 슬며시 ‘기다렸다가 신모델을 살 걸 그랬나’ 하는 마음이 드는 건 어쩔 수 없다.

사실 매사에 이런 식이다. 기다리는 것이 몹시 갑갑하다. 차를 구매할 때 몇 달 뒤에 신모델이 나온다는 설명을 분명히 차 딜러에게서 들었다. 하지만 쇠뿔도 단김에 빼랬다고 내친김에 해야지, 그렇지 않으면 마음에 남아 계속 걸리적거린다. 내 차의 어떤 면이 꼭 마음에 들어서 선택한 것이 아니라서, 아이들 말에 이리저리 흔들린다.

요즘 들어서는 거꾸로 사소한 것도 잘 결정하지 못한다. 화목프로그램을 선택할지 수금프로그램을 선택할지를 놓고 아침부터 저녁까지 생각하고도 밤에도 여전히 주저하고 있다. 그것들 사이에 별다른 차이도 없어서 잃을 것도 없는데 말이다.

코로나 백신 접종 여부를 두고도 내 마음은 바람에 흔들리는 갈대 같다. 백신을 접종한 후 어떤 사람이 혈전이 생겨서 죽었다거나, 대설증에 걸려서 밥을 먹지도 말을 하지도 못한다고 한다.

그런 말을 들으면 백신을 맞으면 금방 이상증세를 보일 것만 같다. 하지만 백신을 접종하여 마스크를 벗고 일상으로 돌아갔다는 말을 들으면 얼른 맞아야 할 것도 같다.

참고 기다릴 줄 모르고 성마르게 후다닥 결정하고, 또 한편으로는 자기 결정권이 부족하여 이러지도 저러지도 못해 지리멸렬하다. 만 원을 쓰는 데는 깨알같이 따져서 시장 좌판에 놓인 나물거리도 재고 따져서 사면서도, 백만 원이 넘어가면 별생각도 없이 무턱대고 쓴다고 하는데 꼭 나를 두고 하는 말 같다.

조바심치며 성급히 행동하는 나는 내일을 점치지 않는다. 미래에 관한 믿음도 부족하다. 그러니 눈앞의 일에 전전긍긍할 수밖에 없다. 그때그때 주어진 일을 재깍재깍 해치워서 무게를 줄이고 싶다는 생각이 지배적이다. 내 나름의 인생철학과 비전이 뚜렷하지 않으니, 참고 기다릴 수 없다. 인내하며 더 나은 방향으로 삶을 꾸려갈 능력이 안 되니, 눈앞의 일이라도 빨리빨리 꺼나가야 했다. 그런 선택들이 모여 지금의 살아가는 모양새를 그리고 있다. 그나마 이제는 작은 것도 선택을 미루고, 그 선택이 내 책임이 아닌 척한다.

새삼 아이들을 대상으로 했다는 실험이 생각난다. 아이들에게 과자를 나누어 주고, 얼마간 참았다 먹으면 더 큰 보상을 주는 것이다. 과자의 유혹을 참아낸 아이들은 얼마 되지 않았고, 그 아이들이 장래에 더 크게 되었다고 한다. 과자를 눈앞에 두고 참지 못하고 안달복달하는 꼬마가 '나' 라는 생각이 문득 든다.

올바로 선택하지 못하는 요즘, 낚시꾼의 기다릴 줄 아는 인내심과 세상을 읽는 눈을 배워야 한다고 생각한다. 강태공은 10년을 기다리며 학문에 정진하고 마음을 수양하여 키운 역량이 밑밥이 되었고, 기회가 찾아왔을 때 자신의 역량을 펼칠 수 있었다.

나에게 10년이란 시간은 너무나 까마득하다. 배우고 기다리며 경륜을 쌓아가는 일은 대단한 일이다. 하지만 배우고자 노력하지 않으면 내일도 오늘일 것이다. 기다릴 수 있는 넉넉한 마음과 세상을 보는 신념을 조금이나마 배워가야 한다.

어느 면에서나 조금 더 기다리며 믿음을 가지고 선택한다면, 그 열매도 달아서 더 나은 인생 곡선을 그릴 수 있을 것이다. 설부르게 김을 뺀 밥보다 뜸 들일 시간을 갖고 기다려서 먹는 밥이 더 쫄깃하고 찰지다. 앞날에 어떤 인생 곡선을 그릴지 진지하게 생각해 볼 일이다. 앞으로 남은 삶이 짧은 것도 아닌데 말이다.

모과

나뭇잎이 하나둘 떨어지고 바람이 삽상했다. 가을 들녘은 온 힘을 낱알을 영글게 하는데 쏟는지 고즈넉했다. 여위어가는 햇볕이 어서 마무리하라고 등을 떠밀고 있었다. 파란 하늘 자락에 모과나무가 큼직한 열매를 달고 있었다. 모과 향기 묻은 바람이 기억의 언저리에 내려앉았다.

생전에 엄마는 모과를 말려서 목에 좋다며 끓여 먹으라고 주셨다. 모과향을 좋아해서 채반에 두세 개 담아 TV 위에 두기도 하셨다. 은은한 향기는 올망졸망한 자매들 사이로 스며들어 이야기꽃 향기가 되기도 하고, 오래 묵은 집을 겨우내 푸근하게 감싸기도 했다. 익숙한 향기라서 그런지 나이 들어서도 모과가 좋다.

한 해의 결실을 생각하는 늦가을 길목에서 지인이 모과 몇 개를 주었다. 손에 가득 뿌듯했다. 언제 맡아도 기분 좋은 향기가 났다. 그 향이 나무 사이로 부는 바람 냄새와 그 위로 쏟아졌던 햇볕의 온기를 생각하게 했다.

기관지, 관절염, 신경통 등에 좋다는 모과를 온전히 먹기 위해서 모과청을 담그기로 했다. 무뚝뚝한 아들에게 모과를 잘라 달라고 부탁하니, 선뜻 알았다고 한다. '이게 웬 떡이냐' 하며 냉큼 칼, 도마, 모과를 대령했다.

아들이 엄청 딱딱하고 끈끈하고 미끌미끌하다고 중얼거리며, 커다란 참외 같은 모과를 사 등분 했다. 씨앗을 발라내고 깍둑썰기를 한 다음 잘게 썰었다. 납작한 작은 조각들이 도마 위에 수북이 쌓였다. 깨끗하게 열탕 처리한 유리병에 넣고 꿀을 부었다. 2주 뒤에는 모과차로 마실 수 있다.

움직이지도 못하는 모과나무는 주어진 자리에서 있는 힘껏 열매를 키웠다. '열매가 왜 딱딱하고 시고 떫으냐, 울퉁불퉁 못생겼냐' 하고 불평하지 않았다. 그러고는 애써 키운 열매를 나누어 주었다.

모과처럼 식물은 아니지만, 나도 태어난 자리와 주변 환경에 영향을 받으며 살았다. 삶이 봄꽃같이 화사하고 가을 하늘같이 청명해서 큰 열매를 거둘 때도 있었지만, 여름 더위같이 찌고 겨울 추위같이 매서워 열매가 시원치 않을 때도 많았다. 덥고 추울 때는 마음에 상처가 생기고, 옹이가 박혔다. 마음에 나이테처럼 진하고 연한 무늬가 생겼다.

마음에 그늘이 생기면 생각이 굳어지고, 세상 보는 눈이 좁아졌다. 내 방식대로 세상을 보고 그것만이 옳다고 생각했다. 마음에 돋친 가시는 나를 보호하려 했지만, 옹졸하게도 했다. 거둔 열매가 보잘것없으면, 주변을 탓했다. 큰 것, 좋은 것만을 생각하고 스스로 벽을 쌓고 달팽이처럼 안으로만 기어들어 갔다. 내 마음은 나를 가두는 감옥이었다.

어스름 저녁 같은 시간을 살아가면서, 누구나 아픔이 있다는 말이 마음에 와 닿는다. 나만 예외이길 바랄 수는 없다. 울퉁불퉁 모난 시간도 생각해 보면, 모두 열심히 산 순간들일 것이다. 마음에 안 들어서 탓한다고 좋은 것이 되지도 않는다. 지난 일은 되돌릴 수는 없지만, 시계태엽을 감는 것처럼 되풀이하지 않을 수는 있다.

마음에 걸어두었던 빗장을 풀면 주변의 향기가 스며들어 올 것이다. 그동안 맡지 못했던 매혹적인 다른 세상의 향기를 맡을 수 있을지도 모른다. 세상이 넓어지고, 날 수 있는 하늘은 더 높아질 것이다. 붕새처럼 구만리장천九萬里長天을 날지 못할지라도, 메추라기가 꿈꾸던 박달나무는 바라볼 수 있지 않을까. 날기 위해 새가 뼛속을 비우듯, 못난 것은 버리고 잊어주자.

삶의 시간을 다 살아낸 모과가 말을 거는 듯하다. 되려고 하면 힘들이지 않아도 이루어지고, 안 되려고 하면 아무리 애를 써도 안 된다고. 처한 자리에서 힘껏 살아가는 것뿐이라고. 작아지면 좋은 것이 될 수 있다고…….

모과향이 '그만하면 잘했다. 너무 애쓰지 마라. 고생 많았다' 하며 나를 쓰다듬는다.

제4부

늘 배우며

핸드폰 톡톡

직장에 다니는 동안 부모님이 아이를 돌봐주면 그보다 큰 행운이 없다. 그렇지 못하면 아이를 직장에 데려가거나, 1일 보호는 하지 않는 동네 어린이집에 맡기는 불상사가 발생하기도 한다. 부모님은 육아에 대한 지식이 많다. 아이가 울고 투정을 부리는데 왜 그런지 몰라서 쩔쩔맬 때, 딱 맞는 해결책을 내놓으신다. 이럴 때 부모님의 말씀은 그야말로 금과옥조다.

그런 부모님의 지혜로도 메우지 못할 만큼 세상이 빠르게 변한다. 어제의 지식이 낡은 것이 되어 버리는 요즘에는 새로운 것들이 계속 생겨난다. 그 중 대표적인 것이 손안에 컴퓨터, 핸드폰이다. 어른들은 이것과 관련된 육아에 대해서는 조언을 할 수 없다. 그것은 미지의 것이라서, 한없이 쪼그라든다. 이것에 대해서는 젊은 세대에게 일임할 수밖에 없다.

아기는 온통 처음 보는 것들이라서 궁금한 것이 너무나 많다. 아이들에게 세상은 재미로 가득한 놀이터여서 가만히 있지 않는다. 주위 변화에 빠르게 반응한다. 그런 아이들을 잠시나마 붙잡아두는 것 중에 텔레비전이 있다. 많은 프로그램 중 뉴스가 으뜸이다. 내용 때문이 아니라 화면이 빠르게 변하기 때문이다. 점멸하는 네온사인에 눈이 더 가는 것처럼 말이다.

육아와 일을 병행해서 멀티탭이어야 하는 엄마들이 아이를 텔레비전 앞에 두기도 했다. 뉴스 다음에 빠른 화면이 광고인데, 어떤 엄마는 광고를 연이어 녹화하여 보여주었다는 웃지 못할 일화도 있다. 텔레비전 덕인지 탓인지 아무튼 요즘 아이들이 똑똑하다고 한다.

요즘은 텔레비전 대신 핸드폰이 담당한다. 백화점이나 마트에 갔을 때, 유모차 속에서 핸드폰에 빠진 아기들을 종종 본다. 보호자가 없어도 울지도 않는다.

아이들이 핸드폰을 좋아하다 보니, 기상천외한 일들이 벌어진다. 언젠가 미용실에서 머리를 말고 있었다. 초등학교 1학년인 원장님 외손자가 머리를 삐죽 내밀며 받아쓰기 100점 받았다고 했다. 원장님은 일하다 말고 핸드폰을 찾았다. 아이가 5분 동안 게임을 할 수 있었는데, 10분을 해서 제지받았다. 아이가 내일 또 100점 맞을 거라고 미리 좀 하겠다고 했다. 조금 있다가 아이 머리가 또다시 쑥 들어왔다. 숙제 다 했다고. 원장님이 다시 핸드폰을 찾았다. 딸내미가 정해 준 시간을 못 지키면, 원장님이 눈총을 받는다고 했다.

지인네 집에는 세 살, 다섯 살배기 손주가 있다. 엄마는 핸드폰을 못 하게 하니까, 할머니 집에 오자마자 그것부터 찾았다. 할머니가 말도 잘 들어주고 녹녹해서, 더 만만한 모양이었다. 할아버지가 핸드폰이 없다고 했다.

"할아버지, 죽어!"

아이가 이번에는 할머니에게 달려왔다. 할머니도 없다고 했다.

"그럼, 할머니도 죽어!"

졸지에 할아버지, 할머니는 사형을 선고받았다. 다섯 살배기 옆에서 세 살배기도 덩달아 칭얼거리고 있었다. 아이들이 겁이 없어서 아무거나 눌러서 내장되어 있던 사진이 다 날아간 적도 있었다. 먹을 것이 떨어지면 슈퍼에 가면 되고, 돈이 없으면 은행에 가면 해결되는 철부지 아이들에게 핸드폰은 그저 누르기만 하면 뭐든 되는 재미있는 장난감이었다.

예전에는 부모님이 도깨비방망이였다. 먹을 것도, 용돈도, 지식도, 사랑도 나누어주었다. 부모님에게 의지해야 얻을 수 있는 것이 많았다. 필요한 것이 있으면, 부모님 마음을 톡톡 두드렸다. 그래서 부모님 말씀을 잘 들으면 자다가도 떡이 생긴다는 말이 생겼는지도 모른다. 그만큼 어른들은 권위가 있었다.

이제는 그런 권위를 핸드폰이 대신하는 경우가 많다. 뭐든 네이버가 다 알려준다는 말도 있다. 듣고 있던 말이 미덥지 못하면 즉시 핸드폰으로 검색한다. 떡볶이가 먹고 싶으면 그것으로 주문한다. 심심하면 게임을 하고, 좋아하는 프로그램을 본다. 남들이 모두 핸드폰을 보고 있으면, 쓸쓸해져서 덩달아 그것에 얼굴을 디민다. 무슨 일이든 그것을 톡톡 두드리면 된다. 핸드폰이 현대판 도깨비방망이다.

아직 글자도 모르는 아이가 할아버지의 머뭇거림이 답답해서 "'예'를 눌러, '예'" 하는 소리가 여기까지 들리는 듯하다. 핸드폰 덕에 손주에게 한 수 배워야 한다. 지인이 핸드폰 때문에 매일 죽고 있는 것은 아닌지 모르겠다.

균형

사물도 그것 자체의 소리가 있다고 하는 말을 들은 적이 있는데, 새로 이사한 아파트에서 자주 이상한 소리가 들린다. 약한 바람 지나가는 소리나, 오래된 라디오를 켤 때 지직거리는 것 같은 소리가 난다. 이상해서 아들한테 집에서 무슨 소리가 나느냐고 물으니 아무 소리도 안 난다고 한다. 병원에 갔더니, 그것이 이명의 시작이란다. 의사 선생님이 이명은 양쪽 귀의 청력에 차이가 생겨서 균형을 맞추기 위해서 난다고 한다.

몸의 평형을 맞추기 위해 이런저런 반작용이 생기나 보다. 시력을 잃으면 촉각이 발달하고, 하체가 부실하면 상체가 발달하는 것처럼. 이명도 어지럼증도 몸의 균형을 맞추기 위해서라니 아주 쓸모없는 것은 아닌 모양이다.

몸의 균형을 맞추기 위해 여러 반작용이 나타나는 것처럼, 사람 사이에서도 자연에서도 이 같은 현상이 나타난다.

어느 모임에 가나 자녀들 공부 이야기는 꼭 낀다. 공부하는 기간이 워낙 길기도 하고, 인생에 많은 영향을 줘서 그런 모양이다. 자녀중심가정을 이루는 우리나라에서 묻지 말아야 할 것 중 하나가 바로 자녀의 성적이다. 우수한 성적은 선망의 대상이기도 하여, 성적은 아주 예민한 화제다. 공부로 인한 우월감과 피해의식이 첨예하게 대립하기도 한다. 한 회원이 속상해한다.

"공부 잘하는 애들이 더 나은 특별한 대접을 받아야 한다고 생각해."

옆에 있던 사람이 대답한다.

"우리 아들 친구 중에 SKY대학에 들어간 애들이 있어. 그 애 중에는 우울증약을 먹는 애들도 있어. 공부가 굉장한 중압감으로 눌러서 신경증적 증세로 나타나나 봐. 사람이 살아가는 데는 어디에선가는 균형을 이루는 것 같아."

모든 것을 다 갖춘 사람은 드물다. 공부는 잘하지만 내성적이고 사회성이 떨어지는 사람도 있고, 공부는 좀 뒤지지만 활발한 성격에 친화력을 지닌 사람도 있다. '빛나는 젊은 시절에 모든 것을 다 가지면, 게을러져 교만에 빠질 수도 있어서 그런가' 하는 생각도 해 본다. 부족한 면을 채우기 위해 노력하고, 자기 자신을 돌아보며 살라는 자연의 섭리인 것 같다.

예전부터 굼벵이도 구르는 재주가 있고, 자기가 먹고살 밥그릇은 가지고 태어난다는 말도 있다. 어딘가 부족하면 훌륭한 다른 면이 있을 것이다. 지금은 공부 때문에 걱정되지만, 앞날에는 더 많은 행복을 가져다줄 것으로 생각한다.

자연에는 속임수가 없고, 있는 그대로 꾸밈없이 살아갈 것 같지만, 약한 것들도 어떡하든 살아가라는 자연의 안배가 있다. 어미의 보살핌을 받을 수 없는 오목눈이 둥지에서 깬 뻐꾸기 새끼는 본능적으로 다른 알들을 둥지 밖으로 밀어낸다. 화려한 나비는 독이 없는데도 맛이 없고 독도 있다고 초음파를 쏘고, 유령사마귀는 마른 잎사귀처럼 위장해서 적들의 접근을 막는다. 포식자나 피식자나 나름대로 살아가는 방법을 알고 있다.

자연은 약육강식의 세계라서 크고 힘센 동물들만 살아남을 것 같지만, 작은 동물도 더불어 살아가고 있다. 지금 비록 불평등하고 이치에 맞지 않는 것 같아도, 어디선가는 균형을 맞추어 생태계가 유지되는 것은 아닌가 생각한다.

우리는 모두 제각각 다르게 태어난다. 어떤 사람은 키가 크고 잘 생겼다. 거기다 역량도 많은데 금수저이기도 하다. 나는 작고 부자도 아니며 역량도 많지 않다. 이번 생에 내가 가진 총량이 이것일지도 모른다. 그렇다고 남의 것을 부러워하고 속을 끓인다고 내 몫이 늘어나지도 않을 것이다.

자연에서처럼 강자는 필요 이상으로 먹지 않고, 약자는 타고난 재주로 열심히 살아가면 좋을 것으로 생각한다. 서로 다름을 차별하지 않고 남의 것을 탐하지 않는다면, 세상은 균형을 이루고 행복 총량도 늘어날 것이다.

몸이 평형을 맞추려면 이명의 불편함을 감수해야 한다. 사회에서도 약간의 불편함을 감수하면 다른 사람과 균형을 맞추며 살아갈 수 있을 것이다.

말을 하는 이유

이끼 낀 작은 웅덩이에 동그란 파문이 인다. 거뭇거뭇한 것들이 보인다. 줄어든 물로 간신히 몸을 틀며 떠다닌다. 감지 못하는 공허한 눈이 나를 바라본다. 입을 뻐금거리며 말을 건넨다. 무슨 말을 하려는 것일까.

코로나19로 미루던 모임을 할 때가 생각났다. 좀 늦는 회원을 기다리며 이야기를 나누고 있었다. 회원이 미닫이문을 열고 들어와 앉았다. 그네는 잘 있었냐는 인사를 하자마자 자기 이야기를 쏟아내기 시작했다. 먼저 와 있던 사람들의 이야기는 자연히 끊어졌다. 두서없이 말해서 이해하기도 힘들었다. 큰 목소리로 연설처럼 길게 늘어놓아 맞장구를 쳐 줄 수도 없었다. 사실 리액션도 필요 없고, 자기 사정을 털어놓을 수만 있으면 되었을지도 모른다. 횡설수설하는 이야기의 주된 내용은 자식 명의로 샀던 집을 팔면서 일어나는 불협화음이었다. '임금님 귀는 당나귀 귀' 에 나오는 이발사처럼 가족 간에 일어난 갈등과 섭섭함을 풀어놓을 데가 필요했던 모양이다. 가슴에 묻어둔 이야기를 털어놓아 마음이 좀 풀어졌을지도 모른다.

이런 모습은 여기저기서 종종 볼 수 있다. 몇 사람 건너 얼굴만 아는 사이라서, 그의 속사정은 몰랐다. 그런데도 자식 칭찬으로 시작해서, 남편과 싸운 이야기가 영웅담처럼 펼쳐졌다. 그네도 말할 수 있으면 되었고, 상대방이 잘 듣고 있는지 아니면 공유할 수 있는 이야기인지는 중요하지 않았다. 같은 주제로 대화해도 제각각 자기 이야기를 하는 경우도 많았다. 누가 아들이 아팠다고 하면, 자기 아이가 아픈 이야기를 시작했다. 상대방 이야기를 잘 듣고, 거기에 맞는 답변을 찾는 것이 아니라서, 거의 독백이나 마찬가지였다.

사람들 사이에 흐르는 끈끈한 점액질 같은 감정들로 마음이 어지럽고, 더는 어떤 해결책도 찾기 어려울 때가 있다. 이럴 때는 서로 외계어를 쓰는 느낌이 든다. 아무리 말을 해도 통하지 않으면, 그것이 독이 되어 마음이 까맣게 타들어 갈 것이다.

사람은 무리 지어 산다. 여럿이 살아가면 이런저런 문제가 생길 수밖에 없다. 갈등이 없어도 말하고 싶은데, 갈등이 생기면 더욱더 그렇다. 말할 데가 적어도 여섯 군데는 있어야 한다는 말을 들은 적이 있다. 하지만 나이 들수록 사회활동이 줄어들어서 자신을 풀어낼 데가 줄어들 것이다.

거기다 보통 듣기보다는 말하기를 좋아한다. 다른 사람이 5분 이상 말하면 집중력이 흐려지고 생각의 갈피를 잃기도 한다. 현대를 자기 PR 시대라고도 하는데, 자기가 주인공이 되고 싶지, 조연으로 끼어있길 원하지 않는다. 더구나 인터넷과 SNS가 발달하여 여럿이 어울리기보다 혼자이기를 즐기는 사람도 늘고 있다. 개인주의가 팽배하여 타인의 관심을 짐으로 여기기도 한다. 이런 시대에도 끝까지 곁에 남는 사람이 가족일 것이다. 가족 간에도 갈등이 심화하고 대화가 사라지면, 어두운 동굴을 횃불도 없이 헤매는 기분일 것이다.

혼자 사는 노인들이 TV를 보지도 않으면서 틀어놓는 것을 자주 본다. 거기서 사람 사는 소리가 나기 때문일 것이다. 서로 마주 보며 말하고 듣는 것이 살아있다는 증거일 것이다. 그렇지 못하고 혼자 있으면, 혼잣말이라도 할 것이다. 웅덩이 속의 물고기처럼 무슨 말인지 남들이 알아듣지 못해도 입을 뻐끔거리고 싶을 것이다. 내가 여기서 살아 숨 쉬고 있으니, 돌아보아 달라고…….

요즘은 서로에게 관여하고 싶어 하지 않고, 돌아앉은 섬처럼 따로따로 살아간다. 쓸쓸히 고독을 씹어도 상처받을 것이 두려워

손을 내밀지 않는다. 갈등이 싫어서 자연인이 되고, 반려동물이나 식물을 키우기도 한다. 반려 동식물은 배반하지 않는다고 거기에다 말을 붙인다. 나도 말할 때가 없으면, 나무에게도, 밥주걱에게도 말을 건넬지도 모른다. 그러나 그것은 자기 위로이지 진정한 소통은 아닐 것이다. 그래서 내 목소리에 응답하는 다른 사람의 목소리가 듣고 싶을 것이다.

말을 하지 않으면 가슴이 터질 것 같아서, 말을 늘어놓은 사람들의 신세타령을 들어주자. 안 봐도 비디오고, 늘어진 테이프처럼 반복되는 이야기에도 대답해 주자. 가슴 속 응어리진 것이 조금은 풀어지도록……. 그게 그 사람을 한 숨을 쉬어가게 할 것이다.

1도 없어

어릴 때 어머니는 잠들기 전에 '나는 할 수 있어'를 열 번씩 외우고 자라고 하셨다. 내가 해이해진 것 같으면, 할 수 있다는 암시를 줘서 놓아버리고 싶은 마음을 다잡게 하셨다. 야단치기보다는 힘 실어주기를 하셨던 것 같다. 지금도 가끔 암시를 건다. '나는 할 수 있다. 나는 할 수 있다'라고. '전에도 잘했다'라고. 그렇게 중얼거리다 보면, 정말 힘이 나서, 할 수 있을 것 같은 기분이 든다.

중국 고사에 얽힌 지록위마指鹿爲馬라는 말처럼 말言은 쓰는 사람의 의도에 따라 본래 의미를 잃고, 아주 다르게 변질하기도 한다. 이 고사성어는 진나라 호해황제시절, 승상 조고가 자신의 권세를 다지기 위해 사슴을 말馬이라며 황제에게 바친 데서 유래되었다. 사슴을 사슴이라고 말한 사람이 오히려 숙청의 대상이 되었다. 말言은 의도에 따라 의미가 변질하여, 부정적인 강한 힘을 발휘하기도 했다.

말도 시류에 따라 변해가서 새로운 말이 생기기도 하고, 없어지기도 한다. 유행어가 생겨나 당 시대인들의 심리 상태와 사회상을 반영하기도 한다.

얼마 전에 친구랑 쇼핑하러 갔다.

"저 옷 어떠니?"

"관심 1도 없어."

하는 말을 듣고 어안이 벙벙한 적이 있다. '하나'를 '1'로 했을 뿐인데, 어떤 의미인지 확실히 전달되었다. 더 권할 필요가 없었다. 순우리말 '하나'의 자리를 언제 한자 '1'이 차지했는지 모르지만, 예전보다 확실히 수개념이 강조되고, 가치도 계량화하는 현대인의 사고방식이 반영된 것 같다.

요즘 젊은 사람들은 '개-'를 정말 많이 쓴다. 물건을 고르는 중에 "그거 개나빠. 개못생겼어."하는 말을 들으면, 그 물건의 가치가 갑자기 없어져서 정말 볼품없어 보인다. 어쨌시 지련 물건을 다 파나 싶어 기분까지 나빠진다. 말이 주는 효과를 더하기 위해서 '개-'를 붙인 것뿐인데도, 그 물건을 절대 사서는 안 된다는 생각이 명확해진다. '개-'가 여기저기 사용되는 것을 보면, 자신을 감정을 더욱더 중요시하고 확실하게 표현하고자 한다는 생각이 든다.

말은 그 의미뿐만 아니라 말한 사람의 기분이나 감정까지 전달한다. 어두운 느낌의 단어들을 많이 쓰면, 듣는 사람에게도 그 감정이 스며든다. 부정적인 말을 많이 쓰면, 그 사람은 불만이 많고 비협조적이라고 생각할 수 있다. 유행어나 신조어를 사용하면, 세상 변화에 밝고 재치 있게 보인다. 그러나 지나치게 많이 사용하면, 가볍고 속되게 보이기도 한다.

좋은 말도, 나쁜 말도 모두 같은 입에서 나온다. 같은 상황에서도 마음먹기에 따라 격려와 희망을 주는 말을 하기도 하고, 가시 돋친 말이나 원망의 말을 할 수도 있다. 그래서 어떤 사람은 입만 열면 꽃이 나오고, 어떤 사람은 개구리가 튀어나온다는 이야기도 있는 것 같다. 말은 사람의 마음을 드러내어, 인품의 거울일 수밖에 없다. 이런저런 일들을 겪고 살아서 늘 밝고 좋은 말만 할 수는 없을 것이다. 시류에 휩쓸리지 않고 스스로에게는 격려의 말을, 타인에게는 희망의 말을 자주 하면, 말이 씨가 되어 새싹을 틔울 것이다.

마법에 쓰이는 주문처럼 말에 힘이 있다기보다는, 사람들의 바람이 말에 힘을 실어줄 것이다. 밝고 긍정적인 말들을 많이 써서, 삶에 긍정적인 에너지가 돌게 해야겠다. 오늘도 '나는 할 수 있어' 라는 주문을 걸어본다.

나는 아파트에 산다

천사대교를 건너 신안군을 둘러보았다. 산기슭에 작은 집들이 납작 엎드려 있다. 잡초 하나 없이 정갈하게 다듬어진 붉은 밭들이 펼쳐졌다. 땅에 깃들여 사는 사람들의 흙사랑이 마음에 와닿았다. 여기 사는 사람들은 부지런하고 선량할 것 같았다. 나도 저 마을 일원이었다면 슬픔과 기쁨을 함께 나누며 군중 속의 고독에서 벗어날 수 있을지도 모른다는 생각에 젖었다.

어둠이 몰려왔다. 우리 차는 길을 잃고 헤매고 있다. 오늘 밤 묵을 곳을 찾아야 했다. 일행이 혼잣소리처럼 웅얼거렸다.

"밤은 깊고 길을 잃었는데, 우연히 발견한 집에 들어가 하룻밤 자고 가기를 청하면 재워줄까?"

"하하하……."

우리는 모두 일시에 웃음을 터트렸다. 일순간 차 안에 정적이 감돌았다. 어느덧 차는 가로등이 있는 곳으로 나아갔다. 저 멀리 반짝이는 불야성이 보였다. 안도의 한숨이 절로 나왔다. '아. 나는 도시에 익숙하구나' 하는 생각이 불현듯 들었다.

도시에는 문화 시설이 많다. 뭔가를 배우고, 여가 활동하기에 좋다. 교통도 발달하여 이동도 편리하다. 따로 관리할 것도 적고 살기도 편한 도시의 꽃, 아파트도 숲을 이룬다.

도시에서 조금 떨어진 곳에 소박한 전원주택 짓고 사는 것을 꿈꾸면서도, 아파트에 산다. 이 아파트로 이사 온 후에는 전원주택이 더욱 간절하다. 저번 집에서는 층간소음을 거의 모르고 살았다. 있다고 해도 이야기하면 서로 조심했고, 친하게는 지내지 않아도 소통은 되었다. 지금 윗집은 층간소음에 무심하다. 온 식구가 똑같이 쿵쿵거리며 걷는다. 밤 11시가 넘어서도 쿵쿵거린다. 어떤 날은 새벽 1시가 넘도록 그랬다. 잠을 잘 수가 없다.

11시에는 잔다고 하니, 윗집에서는 자기네가 아랫집 스케줄에 맞추어 살아야 하느냐고 오히려 항변이다. 아파트는 원래 그런 것인데 참고 살지 않고 그걸 불평한다는 것이다. 걸을 때 쿵쿵 소리가 난다는 것을 본인들이 알고 있었는데, 슬리퍼를 신지도 않는다. 아파트 관리사무소에서는 쿵쿵거리며 걷는 소리를 자제하고 슬리퍼를 신으라는 안내방송을 연일 하고 있다.

우리 아파트는 1,500세대가 넘는 대단지로, 마을로 치면 아주 큰 마을이다. 이런 큰 마을에 살면서도 아는 사람이 없다. 우리나라 엘리베이터는 천장부터 망가질 것이라는 우스갯소리도 있다. 엘리베이터에서 이웃을 만나면 눈 줄 곳을 몰라서 천장만 쳐다봐서 그렇다고 한다. 대화는 물론이고, 인사 나누기도 어색하다.

이웃 간에 소통하면 층간소음 갈등도 해소될 것 같다. 저 집은 생계로 밤늦게 귀가하여 늦은 시간에 활동량이 많다느니, 아기가 늦은 밤에 울면 시끄럽긴 해도 불쌍하다느니, 저 집은 아픈 이가 있어 더 조심해야 한다고 생각할 수도 있다. 공동주택이라서 층간소음이 없을 수는 없다. 그래도 서로 배려하며 살고 있다는 것만 알아도 마음에 큰 위안이 되고 소음도 덜 느낄 것이다. 이웃과 소통이 안 되니, 당연히 그 집 사정은 그 사람들만의 몫이다.

마을 공동체는 이미 옛일이 되었다. 옛날 마을은 작은 단위로 이루어져 서로의 형편을 잘 알았다. 동네 골목길을 오가며 이웃을 만나면, 사는 얘기를 나누었다. 동네 공터에 사람들이 모이면 마을 큰일이 저절로 상의가 되었고 합의점도 찾았나. 젊은 사람들이 일을 나가고 아이들만 남게 되면 동네 어른들이 아이들을 돌보았다. 아이들은 동네 어른과 만남으로 자연히 예절을 알게 되었고, 사회생활의 기초를 익혔다. 서로의 일을 도와가며 살았다.

아파트는 갈수록 고층화되어 가고, 골목길은 하늘이 보이지 않는 복도로 바뀌었다. 고속 엘리베이터가 집 앞까지 데려다주니 이웃 주민을 만날 일도 별로 없다. 답답한 복도에서 만난다고 해도, 무슨 정담이 오고 가겠는가. 사람들은 갈수록 조밀하게 살지만, 서로 간의 거리는 멀어져만 간다.

마음은 늘 아파트가 아닌 다른 집에서 산다. 산밑에 깃든 작은 마을이나 톨킨의 『반지의 제왕』에 나오는 호빗이 사는 호빗굴 같은 정겨운 곳이다. 집 앞에는 텃밭이 있고, 소박한 꽃도 피어 있다. 이웃과 음식을 나누어 먹으며, 슬픈 일 기쁜 일 함께한다. 공동육아를 하며, 이웃 주민이 생산한 물건을 소비하며 산다. 서로의 장단점을 보완하며 삶을 꾸린다.

나는 텃밭을 가꿀 줄 모른다. 마당에 핀 예쁜 꽃도 볼 줄만 안다. 집을 예쁘게 꾸미지도 못한다. 고칠 것이 있으면 다른 사람에게 부탁한다. 그렇다. 나는 아파트에서 산다. 정원도, 아파트 청소도, 집수리도 관리사무소에서 해결해 준다. 그 대가로 같은 위치에서 잠을 자고, 밥도 같은 위치에서 먹으며, TV도 같은 위치에서 본다. 똑같은 네모꼴 집에서 나만의 개성이 있는 삶을 추구하려고 애쓴다.

여자로 사는 법

1960년대 정부에서 경제개발 5개년 계획을 추진하면서, 여자들이 산업일꾼으로 사회에 많이 진출했다. 직장에서 여자들은 단순하고 부수적인 일을 했고, 주된 일까지 하게 된 것은 그 뒤의 일이다. 여자들에게도 교육의 기회가 많아지면서 일할 수 있는 영역이 넓어졌기 때문이기도 했다. 요즘에야 여대생이 흔하지만, 73학번인 큰언니 때만 해도 우리 동네에서는 꽤 희귀한 존재였다.

경제력을 가진 여자들이 많아지면서, 여성의 권리가 신장하였다고 한다. 그래도 여전히 유리천장뿐만 아니라, 남자라는 장벽이 있다. 여성의 취업률이 남성보다 낮고, 진급 또한 더디다. 우리나라에는 남녀차별금지법이 있지만, 여전히 여성에게만 주어지는 보이지 않는 압력이 있다.

예전에는 자녀 세대가 부모 세대보다 잘살았다. 요즘은 자녀 세대가 더 못 사는 시대가 되었다고 한다. 남자 혼자서 버는 것으로는 자식을 기르고 집안을 일으키기 어렵다. 자연히 맞벌이를 원한다. 여성들이 직장생활하는 것이 당연시되었지만, 여성들에게 거는 기대치는 마찬가지다. 돈벌이도 하면서, 남성에게 순종적인 것이다. 여성들의 일의 가치를 남성의 그것만큼 인정해 주지도 않는다. 남성이 번 돈은 저축하고, 여성이 번 돈은 생활비로 쓴다는 식으로 집안을 일으키는 것은 남성이라는 의식은 여전하다. 부부 둘 중 한 명이 일을 그만두어야 한다면, 당연히 여성이 그래야 한다고 생각한다.

맞벌이 부부로 살아가면서도 남편은 어쩌다 집안일을 돕는 사람이었고, 가사며 육아는 거의 여성인 내 몫이었다. 집안의 대소사 결정은 남편의 몫이었고, 나는 보조자 역할에 머물렀다. 어쩌면 그동안 암묵적으로 받은 사회화 교육으로 남성들이 결정하는 대로 따르게 키워졌는지도 모른다. 그래도 그 시절에는 여성의 외모를 전면에 내세우지는 않았다.

요즘은 겉으로 보기에는 조금 더 남녀평등이 이루어진 것도 같다. 그렇지만 외모로 받는 평가는 훨씬 강화되었다. 외모가 취업이나 결혼에서 갖추어야 할 요건처럼 되었다. 대중매체에서 성을 상품화하고, 외모에 대한 많은 정보와 이미지를 홍보한다. 영상이 제시하는 예쁜 여자의 이미지로 성형하고 싶은 유혹에 시달린다.

'남자는 능력, 여자는 외모' 라는 말이 있듯, 여자를 보는 기준이 외모일 때가 많다. 무엇을 하든 여자 얘기만 나오면 그 여자 예쁘냐고 묻는다. 아들은 멋을 내든 안 내든 별로 신경 쓰지 않는다. 하지만 딸은 치마를 입는지 바지를 입는지, 치마를 입으면 긴 치마인지 짧은 치마인지 눈이 간다. 어떤 옷을 입었는지에 따라 성격이나 취향을 짐작하기는 한다. 바지를 즐겨 입으면, 활동적이고 편한 걸 추구하겠다고 생각한다. 치마를 즐겨 입으면 얌전하고 예쁘다고 생각한다. 그래서 딸에게 옷이 정체성을 나타내기도 하고, 좋은 이미지를 형성할 수 있다고 말한다. 결국, 사회에서 바라보는 눈에 맞는 옷을 입으라고 하는 셈이다.

여자는 예뻐야 한다는 일반적인 관념은 다이어트와 연결될 수밖에 없다. 날씬하고 다소 가녀린 체형을 가질 것을 요구받는다. 그런 풍조는 음식을 먹을 때 몸무게를 생각하라고 떠민다. 늘 다이어트 해야 한다고 생각한다. 운동도 건강해지기 위해서라기보다 몸매를 가꾸기 위해서 하는 경우가 많다.

예전에 불이 난 건물 난간에 예쁜 여자와 못생긴 여자가 매달려 있었는데, 예쁜 여자부터 구하는 영화를 본 적이 있다. 생명이 위급한 순간에도 외모로 평가받는다. 이런 면을 보면 예쁜 여자가 훨씬 살 가치가 있는 것처럼 느껴지기도 한다. 힘든 일도 못 할 것 같다면서, 힘쓰는 일을 그렇지 않은 여자에게 시킨다. 심지어는 예쁜 여자는 거짓말도 할 줄 모르고 순수하다고 생각하는 경향도 있다. 이런 대접을 받기 위해서 다이어트를 하여 몸매를 가꾸고, 외모를 가꾸기 위해 성형하기도 한다.

예쁜 여자는 착하다는 관념이 은연중에 여자는 착해야 한다는 무언의 압력으로 작용한다. 착한 여자는 자신보다 남편과 시부모 뒷바라지가 우선이고, 자식들 키우는데 전력을 다해야 한다. 자신이 원하는 것, 하고 싶은 것보다 가족을 먼저 생각하라는 이야기를 들으면서 큰다. 직장에 다녀도 가사도 완벽하게 처리하고, 직장에 다닐 것을 요구한다. 심지어는 여자는 힘들어도 다 참고 잘할 수 있다고 생각한다. 남자들은 바깥일만으로도 힘들어할 수 있는데, 여자들은 바깥일과 집안일을 다 하고도 즐거워야 한다. 요즘 여성들은 착하고 예뻐야 한다. 거기다 경제적 능력까지 갖추어야 한다.

어떤 차림으로 딸애가 외출하는지 저절로 눈이 간다. 질 좋고 맵시 나는 브랜드 옷을 못 사 입는 것을 보면 마음 한구석이 옹색해진다. 조금 더 나은 옷을 입고 맵시를 내면, 옷이 날개라는 말이 있듯 훨씬 예뻐 보인다. 엄마가 카드를 줄 테니 백화점에 가서 옷을 사 입으라고 해도 막무가내로 싫다고 한다. 가진 사람이 몸매도 외모도 가꿀 기회가 많다는 생각에 씁쓸하다. 내가 딸보다 훨씬 외모지상주의에, 배금주의에 빠진 것은 아닐까 하는 생각을 한다.

오늘도 딸에게 그 옷이 더 뚱뚱해 보인다는 듣기 싫은 소리를 한다. 딸은 다이어트 도시락을 챙기고, 퇴근 후에도 운동을 다녀야 한다는 강박관념에 시달린다.

다 같이 행복해지려면

무심천변에 벚꽃이 활짝 피었다. 은은한 달빛이 꽃 너울에 스며들어 벚꽃길이 신비롭고 아름답다. 바람도 벚꽃 향기에 취한 듯 사락사락하고, 사방에 꽃잎이 흩날린다. 거리는 멋진 남성들과 맵시 있게 차려입은 여성들이 어우러져, 더욱 생기 넘치고 화려해진다. 꽃이 아무리 아름다워도 사람보다 아름다울 수는 없나보다. 사람들 사이에서 점점 배경이 되어간다.

형형색색의 옷을 차려입은 사람들이 지나간다. 공작새는 아르고스의 눈이 달린 화려한 깃털에 매력을 느끼고, 사슴은 크고 화려한 뿔에서 위풍당당한 매력을 발견한다고 한다. 모든 생명체는 자신도 모르게 자신에게 유리한 조건을 가져다줄 상대에게 호감을 느낀다. 자신의 존재감을 부각하여 더 나은 상대방에게 선택받고자 한다. 사람도 상대방에게 좋은 이미지를 주기 위해, 새가 깃털을 고르듯 머리를 가꾸고 멋지게 차려입는다. 벚꽃 휘날리는 거리는 치열한 삶의 현장이다.

원하는 상대를 만나 서로의 허전함을 메꾸어주고, 삶의 질을 높이고자 한다. 하지만 상대방에게서 자신의 안식처를 발견하고, 거기에 기대어 살아가려고 하는 순간 서로를 구속하게 된다. 사람들 대부분은 기대어 살고 싶어 하지, 책임지며 살고 싶어 하지 않는다. 마냥 의지하고자 하면, 그 사랑은 빛이 바랜다. 사랑이 짐이 되어 가치가 하락한다. 상대의 가치 또한 떨어져, 주변인으로 혹은 아랫사람으로 인식하기도 한다.

서로에게 짐이 되지 않으려면 가지고 있는 조건이 같아야 한다. 하지만 애당초 남성과 여성의 조건은 같을 수 없다. 역사적으로 거의 남성이 강자이고, 여성이 약자였다. 동물들은 수컷이 화려하게 꾸며 암컷에게 구애하지만, 인간은 약자인 여성 쪽에서 자신을 보호할 줄 남성을 찾아 나설 수밖에 없다. 가정은 사랑을 바탕으로 이루어진다고 하지만, 가정에서도 힘 있는 사람이 우위에 선다.

예전부터 여성들은 독립된 인격체라기보다는 남성의 상대적 존재, 의존적인 존재로 인식되었다. 여성은 남성의 부양가족으로, 남성을 보조하는 역할을 하는 존재다. 여성들이 그럴 수밖에 없는 근본적인 이유는 육아, 가사를 전담하다시피 하는 데 있다.

요즘은 남성도 육아휴직이 가능하다. 하지만 여전히 그것들은 여성들의 몫으로 생각하고, 육아휴직을 거의 내지 않는다고 한다.

결혼해서 둘이 하나가 되면, 삶의 무게도 고독도 덜어질 것 같지만, 그 문제가 해결되지 않으면 여성에게는 삶의 무게가 늘어날 뿐만 아니라, 고독도 줄어들지 않을 것이다.

요즘은 경제적 안정을 위해서 맞벌이 부부가 증가하고 있다. 그런데도 출산율은 하락하고 있다. 육아와 가사를 여전히 여성의 문제로만 인식하는 것도 한몫할 것이다. 그것이 여성의 사회활동을 제약하여 경력단절이 오고, 경제적 자립을 이룰 수 없게 하기도 한다. 나아가 자신으로부터도 소외되어 자아실현을 이룰 수 없기 때문이기도 하다.

양성평등으로 나아가는 큰 틀은 사회복지제도가 만들겠지만, 구체적인 실현은 가정에서 가사와 육아를 서로 도와가며 해야 한다는 인식의 전환에서부터 출발한다. 남녀의 역할에 대한 고정관념과 남성 우월주의적 사고방식으로는 더불어 행복할 수 없다. 한 가정에서 더불어 살아가며 각자 자아를 실현하기 위해서는 서로에 대한 진정한 배려가 있어야 한다. 남성과 여성이 열린 마음으로 다가가 서로의 어려움과 고단함을 함께 할 때, 서로에 대한 부담감은 줄고 행복은 늘어날 것이다.

벚꽃이 크고 화려하게 피어 벌 나비를 부른다. 사람들도 멋지게 차려입고 자신의 반쪽을 찾아 길을 나선다. 없어서는 안 되는 반쪽과 더불어 행복해야 하지 않을까.

코로나19 시대를 살아가며

눈을 멀게 할 것 같은 햇빛이 사정없이 쏟아진다. 그 빛이 심장을 관통하여 열로 하얗게 들뜨게 한다. 갑갑하다. 창문을 열고 밖을 내다본다. 주위는 조용하다 못해 짓눌린 듯하다. 시끄럽게 울어대던 매미는 다 어디로 가버린 걸까. 뜨거운 열기와 짙푸른 녹음이 무언가를 숨긴 듯이 음울하게 펼쳐진다. 막막하다. 이 열기는 어디로 향하는 것일까.

"띵띵."하며 핸드폰 알림음이 울린다. 또 안내문자일 것이다. 광복절 광화문 집회 참석자는 검사받으라고 한다. 슬며시 가슴 한구석이 들썩거린다. 조금 시국이 안정되어 사회 활동을 할 수 있다고 안도의 한숨을 내쉬고 있던 참이다. 숨통이 트이나 했는데, '사회적 거리두기'가 2단계로 격상되었다. 숨이 막히는 것 같다. 코로나19 사태가 길어지고 있다. 우리 아파트에 광복절 광화문 집회 참석자가 있다고 하여 지레 모임을 취소했다. 거미줄에 걸려 파닥거리는 벌레가 된 기분이다.

현대는 인류가 지구에 생존했던 그 어느 시기보다 풍요롭다고 한다. 그런데도 고릴라, 악어 등 야생 동물을 먹는 맛 기행이 인기가 있다. 그런 수요를 충족시키기 위해 인간이 자연의 영역을 침범하면서, 동물에게만 있던 병균을 가져와 인수공통전염병을 만들고 있다. 코로나19도 사람들이 박쥐를 먹어서 발생했다는 주장도 있다.

자연계를 수탈의 대상으로 보고, 더불어 살아가야 한다는 것은 잊어버린 듯하다. 욕망을 추구하는 도시는 거대도시로 커져만 가고, 인구가 밀집되면서 욕망이 서로 닮아간다. 세계는 지구촌이 되어, 옛날이었으면 지역 풍토병이었을 질병이 전 세계적으로 유행한다. 인류가 만들어낸 문명의 발전이 오히려 인간의 발목을 잡고 놔 주지 않는다.

학교공부를 하고, 인문학 강좌를 들으러 다니고, 가끔 여행하면서 일상의 단조로움에서 벗어나려고 했다. 코로나바이러스가 침투하여 평범하기 짝이 없던 일상을 과거시제로 만들고 있다. 당연하다고 생각했던 것들이 저 멀리서 깜박거리는 옛것이 되어간다. 언제쯤 평범한 일상으로 돌아갈 수 있을까. 메르스가 나오고, 사스가 발생하고, 신종플루가 퍼지고, 코로나19가 판을 치고…….

14세기에 유럽 인구의 60%를 죽음으로 몰고 갔던 페스트가 떠오른다. 원인도 모르고 공포에 떨며 사람들은 죽어갔고, 중세 사회를 지탱하던 봉건제도는 붕괴했다. 페스트가 한 시대를 끝내고 다음 시대를 열었다. 코로나19도 아직 병원체의 발생 원인과 치료방법을 정확히 알지 못한다. 그것이 현대판 페스트는 아닐지 모르겠다. 중세보다 상하수도 시설이 발달하고, 거리는 깨끗해지고, 시민들의 위생관념도 높아졌다. 사회복지제도가 발달하여 의료혜택을 충분히 받을 수 있고, 관련 정보도 투명하게 제공되며, 방역도 잘 이루어지고 있다. 안전수칙을 잘 지키면, 길거리에 똥오줌이 난무했던 시대와는 달리 이 감염병은 널리 퍼지지 않을 수도 있을 것이다.

감염병이 바깥으로 향해야 할 발길을 묶는다. 새삼 인간은 다른 사람들과 어울려 살아야 자신의 존재를 확인할 수 있다는 생각을 한다. '거리는 멀리 마음은 가까이' 라는 홍보문구가 떠오른다. 하지만 카톡보다 전화로 목소리를 들으면 훨씬 피부에 와 닿는다. 그것보다 직접 얼굴을 한 번 보면, 모든 기우가 사라진다.

코로나19의 세계적 유행은 지구촌화하고 자본주의 논리가 대세인 현 인류의 생활방식에 이의를 제기한다. 이 질병이 창궐하는 이유를 생각하라고 한다. 발달한 문명 세계에서 살아온 현대인은 일상에 꼭 필요한 최소한의 것만으로 살아갈 수 없을 것이다. 세계무역을 하지 않고, 여행을 안 하면서 살지도 못할 것이다. 현 인류의 문명이 어떻게 발달하는 것이 옳을까.

인간은 본능적으로 종교와 유희를 추구하는 것 같다. 이 감염병도 종교 집회에서 발생했고, 그 집회로 방역단계도 격상되었다. '생활 속 거리두기' 가 해제되었을 때, 사람들이 유흥거리를 찾아 이태원으로 모여들면서 가라앉을 것 같은 감염병은 더 확산하였다. 즐거움과 믿음을 외부에서 찾을 때 오는 결과를 코로나바이러스가 극명히 보여준다.

감염병이 자기 내면을 들여다보라고 한다. 마음속 깊은 곳에서 즐거움을 찾아 자신을 스스로 구원하라고 권한다. 윤리적, 사회적 의무를 저버리지 말라고 한다.

이 감염병이 우리를 어디로 데려갈지 모른다. 코로나바이러스는 절멸되는 것이 아니라 견디며 살아가야 하는 시대가 되었다고 한다. 앞으로도 또 다른 바이러스가 출현하여 우리를 괴롭힐지도 모른다. 외부에서 찾아온 적으로 우리끼리 갈등을 일으키고, 서로 의심하고 혐오하면 사회는 사분오열할 것이다. 이 질병을 슬기롭게 극복한 삶이 자기를 더 잘 이해하고, 사회를 더 잘 단합시킬 수 있을 것이다.

감염병 유행으로 강제된 단절로 고독의 시절이 길어져 간다. 맡은 역할에 충실하고, 작은 것에서 즐거움을 찾아 삶이 충만해지도록 노력해야겠다. 지구촌의 한 사람으로서 지속 가능한 실천적 삶에 대해 고민해 보아야겠다.

현대의 동굴을 생각하며

등교 시간에 꾸역꾸역 교문으로 들어가는 학생들을 보면 영화 '매트릭스'의 한 장면이 떠오른다. 로봇들이 인큐베이터에다 인간을 대량으로 배양하는 장면이다. 인간의 몸에 여러 개의 구멍을 뚫어, 육신의 근원인 영양분뿐만 아니라 정신까지도 주입한다. 인간은 주입된 프로그램으로 감각은 물론 정신까지 조종당하며 산다. 학교에서도 학생들에게 현 사회가 필요로 하는 여러 가지 지식과 이념을 주입하고 사회화시킨다.

현대는 다원화 사회로 여러 가치가 충돌해서, 어느 것이 옳고 어느 것이 그르다고 하기 어렵다. 나날이 새로운 지식이 탄생해서 가치척도도 바뀔 수밖에 없다. 학교에서도 여러 가치가 혼재하다 보니, 본보기가 될 만한 가치를 내세우기 어렵다. 정신적 지주가 불분명하니, 나아갈 길도 선명하지 않다.

사회에서는 이 시대를 통합할 구체적인 이념을 체계적으로 제시해야 하지만, 아노미 시대에 뭇 대중을 관통할 이념을 제시하지 못한다. 개인이 자신만의 정신세계를 확실히 구축하기는 더더욱 어렵다. 다양화 사회에서는 선택의 여지도 많을 것 같지만, 무수한 가치들이 난립하여 구별하기도 어렵다. 이때 여러 가지 정보와 가치를 제공하는 것은 주로 인터넷과 방송 매체다. 주체적으로 생각하기보다는 여기저기서 보여주는 정보에 빠져서 거기에 물들어간다. 플라톤이 동굴의 비유에서 말한 것처럼 동굴벽, 화면에 비친 허상을 진실이라고 믿는다. 허상을 좇고 사니, 현실이 매트릭스, 가상세계이고 그 속에서 사는 것은 한바탕 꿈일지도 모른다.

대중매체에서 제공되는 정보와 가치들은 상업적 자본주의 논리를 교묘히 숨기고 있는 경우가 많다. 이런 가치에 함몰되어, 이것을 진정으로 추구해야 할 삶의 목표로 삼는다. 영상매체에 비친 남의 그림자를 따라 하며, 욕망에 휘둘려 물질화되어 간다. 요즘 미래보다 현재에 투자하며 과소비를 즐기는 풍조가 번지고 있는 것도 그중 하나다. 억대 연봉에도 가장 좋은 것을 소비하며 살아서 늘 돈에 쪼들린다. 명품을 사기 위해 오픈런을 하고, 한정판을 사기 위해 밤새워 줄을 선다. 명품 소비가 다른 사람과 나를 차별화시킨다고 생각한다. 내가 물건을 사기보다는 물건이 나를 선택해 주는 셈이다. 영상세대를 살아가는, 코로나19로 결핍된 세상을 살아가는 사람들이 더욱 영상이 주는 마력에 빠져 물질주의에 물들고 있다.

바람에 밀려가는 안개처럼 유행이 지나면, 그런 일이 언제 있었느냐는 듯이 사라진다. 또 다른 유행을 좇아 열심히 따라가지 않으면 세상과 단절되어 고립무원에 있는 것 같다. 전파가 끊기면 까맣게 사라지는 영상처럼, 자기 존재가 투명해지다 사라질 것 같다. 그래서 전파가 실어다 주는 정보를 끊임없이 되뇌며, 울분을 터트리기도 하고 환호성을 지르기도 한다. 화면이 나가면 모든 진리와 가치가 사라질 것처럼 연연한다. 방송사나 유튜브, 블로그에서 각기 다른 주장을 하기도 하여 가짜 정보가 많은데도 말이다.

대부분 가치를 전파가 실어다 주다 보니, 그 자체가 유명무실하다. 그래서 현실은 불완전하고 불안하며 진짜 삶은 따로 있을 것 같다. 남들이 하는 것을 하지 않으면 소외되었다는 불안감에 시달린다. 소외되지 않기 위해, 경쟁적으로 욕망을 충족시키기 위해 달려간다. 불안은 경쟁을 부추기며 타인과의 갈등을 고조시킨다.

다양화, 다원화 사회라고 하면 자기만의 시각으로 사회를 보고, 도달하고자 하는 목적지가 달라야 한다. 그래서 경쟁은 줄고 갈등도 덜한 사회로 나아가야 한다. 하지만 사회에 나오기 전부터 이미 학교라는 거대한 자궁에서 생각해야 할 것과 하지 말아야 할 것을 입력받는다. 영화 매트릭스에서처럼 주체적으로 생각하기보다는 주입된 지식을 마냥 암기하며 재판한다. 많은 다른 학생과 경쟁하며 타인보다 앞서야 한다고 무의식중에 압박받는다.

공부는 스스로 사고하고 판단하여, 진정 원하는 것을 추구하여 행복에 이르는 길이어야 한다. 그러나 공부를 통해 얻고자 하는 것이 참된 지식이 아닌 높은 경제력이며, 높은 경제력으로 사고 싶은 것이 자본주의적 논리에 찌든 편안하고 안락한 삶이다. 경쟁에서 살아남는 사람은 소수이고, 대중매체가 제공하는 행복은 지속적인 경제력을 요구한다. 행복도 소비된다. 이런 삶이 참된 것이 아님을 깨달아도 어떤 삶이 바른지 알기도 어렵고, 어떻게 살아가야 하는지 그 방법도 어렵다.

코로나19로 비대면 시대에 접어든 요즘, 사회구성원 간의 믿음과 결속이 더더욱 필요하다. 무한 경쟁과 승자독식이 아니라 더불어 잘 살 수 있는 사회이념 구축이 절실하다. 어떻게 사는 것이 잘 사는 것인가에 대해 진지하게 생각해야 한다. 실용적인 학문뿐만 아니라 행복한 삶과 관련된 인문학 연구와 그것을 실현하기 위한 노력이 필요하다.

묵자는 실이 물드는 것을 슬퍼했다. 요즘은 사회에 만연된 허위의식과 자본주의 논리에 물들어 검은지 흰지 생각하지도 않고 산다. 어떻게 하면 물들지 않고 살아갈까. 나의 동굴에서 어떻게 나올 것이며, 또 어디로 갈 것인가.

기록한다는 것은

TV 채널을 돌렸다. 여기저기 돌려도 늘 반복되는 레퍼토리로 그 나물에 그 밥이었다. 볼거리를 찾지 못하는 중 기이한 것이 눈에 띄었다. 검은 가방 밑창 아래에 숨겨진 수감일기였다. 일기의 주인은 강간 살인범으로 15년 2개월 수감되었다가 36년 만에 무죄 판정을 받은 정원섭 씨였다. 고문과 조작된 증거물로 범인으로 몰렸던 그가 무죄 선고를 받을 수 있었던 근원은 변호사가 모아둔 수사기록과 재판기록이었다.

정원섭 씨는 비행기 타기, 고춧가루 탄 물 등으로 혹독한 고문을 받는 중에도 고문 방법과 증거 조작 과정 등을 일기로 써서 아내에게 보냈다. 변호사는 그와 관련된 것들을 수기로 혹은 타자해서 남겼다. 36년이란 긴 세월이 흘렀는데도, 이런 기록들이 억울한 누명을 벗을 수 있는 근거 자료가 되어 무죄판결을 받을 수 있었다.

문자가 없어 기록을 못 할 때는 매듭을 짓기도 하고, 기호도 그리고, 그림 등으로도 남겼다. 어떤 방식으로든 자신의 흔적을 남기고자 하는 것은 인간의 본능일 것이다. 민주화 운동가 김근태 씨는 발뒤꿈치를 전기 고문당한 흔적인 주먹만 한 상처 딱지를 모아 남겼다.

무언가 써서 남기고 싶어 하는 욕구는 문자를 만들었다. 기록하고 오래 보존하고 싶은 욕구는 인쇄기술을 발달시켰다. 인쇄술이 발달하지 않았을 때는 가지고 싶은 책이나 필요한 도면 등을 필사할 수밖에 없었다. 필사본과는 달리 인쇄본은 어미자를 잘못 만들면 출간된 책은 모두 잘못된 글자를 포함할 수밖에 없다. 잘못된 글자 한 자마다 인쇄 책임자를 곤장 30대 때렸다. 글자의 먹이 진하거나 흐릴 때도 마찬가지 벌을 내렸다. 나아가 파직시키기도 하였다. 이런 치열한 기록문화가 우리나라를 기록 강국으로 만들었을 것으로 생각한다.

인간은 동물처럼 먹고 사는 것만으로 만족할 수 없었다. 살아가면서 자연히 문화가 발달하였고, 의식 체계들이 생겨났다. 발달한 생활상에 맞는 예법과 시대에 걸맞은 지식이 요구되었다. 밥상머리 교육으로 자연히 이루어질 수 있는 것도 있었지만, 적극적인 교육이 필요했다. 인쇄술은 더더욱 중요시되었다.

조선 시대는 모든 것이 궁궐을 중심으로 이루어졌고, 궁궐에서 행해지는 것이 백성들에게 전범이 되었다. 『승정원일기』에는 만백성에게 영향을 끼치는 왕의 동정과 국정에 관련된 일이 실시간으로 기록되어 있다. 『조선왕조실록』은 왕의 국가운영에 대한 평가자료로 왕이라도 실록을 맘대로 볼 수 없었다. 수원화성 벽면에는 정조의 능행도가 새겨져 있다. 그 당시 모습을 아주 구체적으로 그리고 있어 재현도 가능하다. 글보다 그림이 효과적일 때는 그림으로 기록을 남겼다. 조선 사회가 얼마나 기록을 중요시했고, 엄정히 평가하고 정확히 기록하고자 했는지 알 수 있다. 이런 기록들이 더 나은 나라를 이룩하는 데 참고자료가 되었다. 선조들이 얼마나 책임감 있게 통치하고자 애썼는지 알 수 있다.

개인이나 민간단체나 공공기관에서나 기록한다는 것은 현재의 일을 책임지고, 좀 더 나은 미래를 꿈꾸는 데서 시작한다. 개인이 일상사를 기록하는 것도 현재를 정리하고 앞으로 나아가기 위한 것이다. 단체에서는 현재 추진되고 있는 일의 적합성과 실현가능성을 타진하는 작업일 것이다. 기록은 최선의 현재를 살아가며, 더 나은 앞날을 맞이하기 위한 준비이다. 기록을 통해 지나간 시대를 되돌아보고, 나아갈 미래를 가늠하고자 한다.

과거에는 종이와 인쇄술 부족으로 기록물을 만들기가 쉽지 않았다. 현대는 컴퓨터가 발달해서 글을 쓰고, 그림을 그려서, 혹은 영상을 만들어 손쉽게 기록할 수 있게 되었다. 개인 블로그와 카페 등이 발달하면서 무수한 기록과 개인의 흔적이 남았다. 현대는 기록의 홍수 시대일지도 모른다. 기록에는 태산준령같이 무거운 것도 있고, 잠깐 스치는 바람처럼 가벼운 것도 있다. 어떤 기록을 선택하고 보존할 것인지에 대한 기준과 보존 방법에도 많은 관심을 가져야 한다.

무언가를 쓰고 그린다는 것은 생각과 가치관을 글자와 그림에 투영하는 것이다. 생각이 차고 넘쳐서 저절로 문자화되기도 하지만, 보통 기록은 어떤 목적이나 의식을 가지고 이루어진다. 기록한다는 것은 자신을 나아가 그 시대를 깊이 들여다볼 수밖에 없고, 그 결과 자기 나름의 성찰의 발자국일 수밖에 없다. 기록은 동시대를 함께 살아가는 그 시대의 주인으로서의 책임감이 함께 해야 한다.

제5부

새로운 꿈을 꾸고

상당산성을 걸으며

삶과 죽음을 동시에 내려다보며 수백 년을 버텨왔을, 상당산 능선을 따라 조성된 상당산성을 찾았다. 이곳에서 누군가를 지키기 위해 싸운 사람들의 간절한 삶과 죽음을 생각한다.

그때도 피었을 구절초가 하늘거린다. 구석진 그늘진 자리에서 그의 몫으로 주어진 작은 물에도 자기만의 색깔을 입는다. 그 어여쁨으로 어느 길손의 손에 꺾일지도 모른다. 어느 삶이나 치열하지 않은 삶이 없으니 ……. 살아있는 동안 불어주는 바람에 열심히 몸을 흔들어야 한다.

정문인 공남문 앞에 섰다. 열린 문이 바람길이 되어 바람이 옷속을 파고든다. 주작이 날개를 펴고 내려다보는 넓은 잔디밭에서 아이들이 놀고 있다. 천 년도 넘게 불어온 맑고 시원한 바람이 아이들 사이사이를 파고든다. 아이들의 활기찬 웃음소리 넘쳐

난다. 공남문에서 성을 지키던 병사들의 우렁찬 함성이 바람결에 들리는 듯하다. 이젠 표지석만 남아 그들이 있었음을 묵묵히 웅변하고 있다.

무지개문 아래쪽 무사석에 석공의 이름과 조성연대가 새겨져 있다. 이름을 걸고 일했을 석공의 책임감과 자부심에 신뢰가 차오른다. 산성을 따라 걷는다. 그 시대의 사회적 · 정치적 문제를 안고 살아가야 했던 힘없는 사람들을 생각한다. 현대를 살아가는 나의 시대적 책무는 무엇일까. 많고 많은 사람 사이에서 나의 역할은 무엇일까. 생각은 발길에 차이고, 몸은 무의식적으로 앞으로 나아가고 있다. 어쩌면 삶은 선택할 수 있다기보다는 시대가 만들어놓은 미로의 출구를 다 함께 찾아 헤매는 것인지도 모른다.

공남문에서 조금 올라가니 서암문이 보인다. 암문은 길 위로 솟은 문이 아니라 길 아래로 숨은 비밀문이다. 적에게 발각되었을 경우 급하게 메울 수 있게 쌓아둔 돌이나 흙을 찾아보았으나 보이지 않는다. 비밀스럽게 만든 문, 당시에는 생사를 좌우할 수도 있었던 곳이었지만, 이제는 그 상징성만을 더듬을 수 있다. 이 문을 조용히 빠져나가 적의 배후에 포진하는 병사들의 모습이 보이는 듯하다.

숲이 주는 그늘에 기대어 걷다 보니 어느새 서문인 미호문이다. 이곳에서 전투가 가장 많이 치러졌다고 한다. 성문 좌우를 돌출시켜 방어에 유리하도록 옹벽을 만들었다. 문 안쪽에서 왼쪽으로 돌아 문루에 오른다. 땅 모양이 호랑이가 뛰기 전 움츠린 모습이다. 호랑이가 떠나면 땅 기운이 쇠하기 때문에 호랑이 목에 해당하는 곳에 성문을 세웠다고 한다. 땅의 기운을 보하며 도생을 추구했던 비보풍수를 반영하고 있다. 살기를 도모하며 백성들을 지키고자 했던 염원이 무엇이든 중요하지 않았겠는가. 미호문을 받친 두 개의 굳건한 무사석과 옆으로 휘어 도는 성벽, 우측으로는 골목길처럼 죽 뻗은 성벽이 옛 정취를 풍기며 다정스럽게 다가온다.

동문인 진동문 앞을 지난다. 어디선가 '툭툭' 하는 소리가 들린다. 아름드리 밤나무 여러 그루가 밤송이를 달고 있다. 알밤이 툭 떨어진다. 겨우내 빈 나뭇가지 사이를 바람이 훑고 가고, 눈이 쌓여 가지를 부러트려도 나무는 묵묵히 서 있었다. 가지 사이에서 울던 바람이 들려주는 이야기를 그저 새싹의 자양분으로 생각하며 견뎠을 뿐이다. 온 힘을 다해 열매를 키우더니 드디어 열매를 떨군다. 다음 생을 기약하고 있다. 사람들이 산성을 쌓으며, 그세대뿐만 아니라 대대손손 평안하길 기원한 것처럼.

산성에 쌓인 돌 어느 것 하나 그냥 이루어진 것이 없다. 여기저기 두드리고 다듬어 네모난 육면체로 만들고 적합한 장소로 옮겼다. 고을이 안전하고, 사람들이 평화롭게 생활하기를 꿈꾸며 정을 마치고 돌을 다듬었으리라. 산고의 노력 끝에 이 성이 완성되었을 것이다.

진동문을 지나 동장대 쪽으로 걸음을 옮긴다. 성 밖에 몇 개의 봉분이 보인다. 삶과 죽음이 공존했을 이곳에 어찌 무덤이 없으랴.

죽어 누워있는 모습도 출생 전의 모습과 많이 닮았다. 어머니의 둥근 뱃속에서 철저한 보호를 받다가 태어난다. 죽은 뒤에는 어머니의 임신한 모습을 닮은 무덤에 안거한다. 산에 기대어 산밑자락에 동네를 형성하여 살고, 죽어서도 무덤 뒤에 있는 산이라는 큰 어머니에 기대어 자궁 속에 태아처럼 편안히 머문다. 죽음은 시간의 흐름이 만들어놓은 삶의 연장선 어디인 것은 아닌지 하는 생각이 든다.

어느덧 소라 껍데기의 가장 큰 원 같은 산성을 돌고, 좀 더 작은 원인 다랑논과 더 작은 원인 성내 방죽을 돈다. 성내방죽에 햇살이 부서져 무수한 보석을 뿌려놓은 것 같다. 이곳을 스쳐 지나간 사람들의 소망이 바람결에 찾아온 듯하다. 반짝이며 나타났다 사라지는 윤슬 하나에 사람들의 바람 하나 깃들인 것은 아닐까.

소라 껍데기 속 맨 끄트머리인 한옥마을 식당에 앉아 빈대떡에 막걸리를 한잔한다. 현대와 과거의 시간이 함께 흐르는 이곳에서 면면 선조들의 삶을 새긴다.

청주향교에서

우암산 기슭 경사진 곳에 자리한 청주향교를 찾았다. 향교는 경관이 좋은 곳에, 읍내 가까이 5리 이내에 세웠다고 하더니, 청주 시내가 한눈에 보인다. 세종이 초정에 행차할 때 서적을 하사하고 세조가 친히 문묘에 배향해서, 한때는 삼남 제일의 향교로 불릴 정도로 손꼽히는 교육기관이었다. 이제는 주변이 모두 현대식 건물로 바뀌었고, 옛 전통도 사그라졌다. 오직 이곳만이 전통가옥인 한옥으로 전통문화를 전승하고자 애쓰고 있다.

입구에는 붉은색 홍살문과 하마비가 있다. 홍살문은 신성한 공간이 시작됨을 알렸고, 하마비는 지위 고하를 불문하고 모두 말에서 내려야 한다는 표지다. 학문을 숭상하고, 공부하는 공간을 얼마나 신성시하고 존중했는지 느낄 수 있었다.

외삼문 옆 협문을 열고 들어갔다. 앞에는 강학 공간인 명륜당이 있고, 뒤에는 제향 공간인 대성전이 있다. 전형적인 전학후묘前學後廟 형태다. 향교에서는 과거 시험 준비가 주된 교육일 수밖에 없었다. 조선 시대에는 과거 시험이 벼슬길로 나아가는 관문이기도 했고, 사회에 부합하는 인간상으로 인정받는 통로이기도 했다. 4조四祖(친가 쪽 부 · 조부 · 증조부, 외조) 안에 최소 소과에 붙은 사람이 있어야 양반 가문으로 인정받았다. 이미 벼슬길에 있는 사람도, 부를 축적한 사람도 과거급제를 소원했다.

과거 시험에는 경전뿐만 아니라 국방, 세금, 재난방지, 민생치안 등 사회 현안에 대한 개선방안에 대해서도 출제되었다. 객관식이 아니고 모두 논술형이었다. 요즘처럼 단순 암기식이 아니라서, 어떤 현안이든 깊이 있게 통찰해야 했다. 이 시대에는 졸업이라는 개념이 없었고, 과거에 붙을 때까지 공부했다. 다섯 살 정도에 공부를 시작해서 주로 30대 중반이나 되어서야 과거에 붙었다고 하니, 삼사십 년도 넘게 공부한 셈이다.

교생들은 기숙하며 공부했다. 교생들과 함께 경전을 익히고, 여러 사안을 토론했을 것이다. 현대교육처럼 일률적인 교육이 아니라 개인 맞춤형 교육이었다고 하니, 기량에 맞게 공부했을 것이다.

예나 지금이나 교육 열기는 뜨겁다. 공부가 어렵기는 어느 시대나 별 차이가 없나 보다. 공부는 엉덩이로 한다는 말이 생겼을 정도로 오랜 기간 책상 앞에 앉아 책과 씨름해야 한다. 그 목표에 조선 시대에는 과거가 현대에는 취업이 있다.

조선 시대에는 유교 경전을 읽으면 사람의 도리를 알 수 있었고, 그대로 실천하면 그 당시 추구하는 인간상에 부합했다. 그런 성인을 배향하니 나아갈 길이 분명했을 것이다.

현대는 여러 가치가 혼재하고, 학문의 세계 또한 다양하고 복잡하다. 사회적 이념도 정립되지 않아 마음의 스승을 찾기 어렵고, 나아갈 길이 뚜렷하지 않아 갈팡질팡할 수 있다. 1등만이 최고인 세상을 살며, 무한 경쟁에 시달리고 개인주의가 팽배해 현대인의 고뇌는 깊어질 수밖에 없다.

그래도 예전과 같이 신분제는 아니어서 어디든 도전할 수 있다. 예전보다 학문도 다양해서 기량을 펼 곳도 많다. 다른 사람과 비교하지 않고 자신의 공부에 정진한다면 원하는 길을 찾을 수 있다. 결과에 너무 연연하지 않고 새로운 것을 알아가는 기쁨으로 공부한다면, 그것이 꿈을 이루는 밑거름이 될 것이다.

과거와 현대가 공존하는 향교에서 진정한 공부에 대해 생각한다. 공부는 혼자서 잘 살려고 하는 것이기보다는 여럿이 더불어 잘 살기 위해서 하는 것이다. 공부도 혼자 하면 작은 지식을 쌓을 수 있지만, 같이하면 보다 큰 지식에 도달할 수 있다. 더불어 공부하고 논의하여 당면 문제의 해결방안을 찾고, 더 나은 사회를 만들어가야 한다.

향교를 돌아보니, 교생들의 낭랑한 글 읽는 소리 들리는 듯하다. 소나무, 배롱나무 사이로 교생들이 학문과 여러 가지 사안에 대하여 논하며 거니는 모습이 보이는 것 같다. 학문의 정신이 살아나고, 옛 교육의 특성이 현대에도 적절히 접맥되어 활성화되면 좋겠다.

붉게 물든 안심사에서

안심사로 가는 길, 좌우로 늘어선 메타세쿼이아가 하늘에 머리를 적시고, 붉은 주단을 깔고 있다. '아미타불' 이라는 꽃말을 지닌 메타세쿼이아가 위엄이 가득한 얼굴로 앞길을 밝히는 같아서, 새삼스럽게 새파란 하늘이 아찔하게 다가온다. 하늘길로 이어진 것 같은 메타세쿼이아가 이 아름다운 시절도 곧 지나갈 것이라고 말하는 것 같다. 수확을 끝낸 빈 들녘에는 볏짚들이 하얀 비닐에 포장되어 여기저기 흩어져 있다. 마치 커다란 공룡알 같아서 잠시 '다른 세계에 와 있나' 하는 착각에 빠진다. 가을 들판이 나를 다른 세계로 인도하는 것 같다.

청주 구룡산 서쪽 기슭에 자리 잡은 작은 절, 안심사. 세속과 경계를 나누는 일주문도 없고, 왠지 두려운 마음이 들게 하는 사천왕문도 없다. 산기슭에 석축을 쌓고 터를 다져 절을 지었을 뿐, 안과 밖을 나누는 울타리도 없다. 울타리를 만들어 너와 나를 구분 짓지 않고, 차이를 만들지 않아서 그런지 절이 편하게 다가온다.

"참 좋은 인연입니다"라고 쓰여 있는 표지판과 입구 양옆에 서 있는 키 큰 두 그루 소나무가 반긴다. 인연이라……. 어떤 인연이 나를 여기까지 이끌었을까. 윤회를 거듭했다면, 기억도 못 하는 긴 시간을 살아왔을지도 모른다. 하늘이 몇 겁의 세월 동안 묵묵히 파란 것처럼. 현생의 질곡에서 허우적거리는 내가 신의 섭리까지 어찌 알겠는가. 독경 소리가 생각의 갈피 사이에서 운다. 알지 못할 먼 인연에 연연하지 말고, 지금 여기에 충실해지라고 하는 듯하다.

끈적이는 생각의 늪 속에서 고개를 드니, 소나무 숲에 둘러싸인 안심사가 보인다. 안심사는 신라 혜공왕 11년(775년)에 창건된 절이다. 조선 시대 숭유억불 정책 속에서도 소실되지 않고 지금까지 법통을 이어오고 있다. 대웅전 옆에 가로 462cm, 세로 627cm 크기의 영산회괘불탱이 있다. 탱화 중앙에 결가부좌를 틀고, 붉은 가사를 두른 석가모니부처님이 내려다보고 계시다. 그 부처님 뒤로 노랗게 물든 은행나무가 다사로운 햇살에 반짝이고, 푸른 소나무가 둘러서 있다. 앞에 모인 중생들에게 참된 진리의 말씀을 들려주고, 그들의 가지각색 염원을 귀 기울여 들어

주었을 것이다. 많은 인연과 이야기가 생겨 안심사가 천년도 넘는 세월을 품은 고찰이 되었을 것이다.

크고 작은 욕망을 안고 살아가는 나는 실수와 번뇌 사이를 오락가락한다. 사람마다 크기는 다르지만, 자기 몫의 짐이 있게 마련이다. 그 짐은 갈등과 번민을 가져오고, 누군가에게 하소연하고 싶다는 갈망도 생긴다. 부처님이 큰 귀로 이런 이야기를 들어주시고, 작은 입으로 적은 말씀만을 남기실 것 같다. 번뇌로 절을 찾는 사람들의 갈증을 어루만져 주셨을 것이다.

'편한 마음'이라는 뜻을 가진 안심사安心寺. 욕망을 내려놓고 편하게 마음을 먹으면, 세상이 조금 더 좋게 보일 것이다. 이번 생의 복은 지금 내가 가지고 있는 이것이라고 생각한다. 그래도 가끔 가지지 못한 것을 볼 때, 가슴이 답답하고 허기가 진다. '무엇을 잘못했을까, 어디부터 잘못된 것일까' 하는 생각을 한다. 무수히 시간의 톱니바퀴를 되돌려서, '그때 이럴 걸 그랬나' 하며 반추한다. 인생은 연습할 수 없는 단 한 번의 연극이라고 했는데, 헛된 망상에 산다. 인생이 연극이라는 데도, 삶에서 쓰고 맵고 달고 신 맛이 난다. 스님의 염불 읊는 소리가 울려 퍼진다. '스님은 인생의 시고 쓴맛에서 벗어났을까' 하는 열적인 생각에 잡념이 투둑투둑 끊어진다.

가을이 주는 붉음과 노랑, 푸름이 울타리 없는 안심사 마당에 가득 들어와 있다. 그 가운데에서 자애로운 눈으로 세상을 내다보시는 부처님이 나의 마음을 헤아리신다. 많은 생각은 오히려 번뇌를 낳는다고 말씀하신다. 현재에 충실해지라고 하신다. '지금 나'가 바로 '나'인 것이다. 욕망을 내려놓으면 세상만사가 잘 흘러간다는 말씀이 독경 소리에 묻어 나온다.

정갈하고 단아한 안심사. 대웅전 처마 끝으로 바람이 스며들어 풍경을 울게 하고, 풍경 소리는 욕망을 경계하라고 일깨운다. 편한 마음으로 세상을 보라는 말씀으로 들린다.

무심천을 걸으며 1

나만의 둥지를 벗어나, 새로운 곳으로 향한다. 오늘은 어떤 이야기가 나올까? 여러 사람과 만남은 늘 보던 것도 새롭게 볼 수 있는 창문을 열어줄 때가 많다. 바람을 가득 채운 알록달록한 풍선처럼 기대감으로 둥실거린다. 우리는 견우와 직녀가 만나듯 용평교에서 반갑게 만나, 문학과 삶을 이야기하며 무심천을 걷는다.

내리쬐는 햇볕은 따가워도 맑은 하늘과 흐르는 물로 무심천 둘레길은 청량하다. 점점이 피어 있는 금계국 사이로 바람이 스며든다. 바람이 갸웃한 고개를 받쳐주며 서성인다. 껑충한 키에 작은 꽃을 단 개망초도 무리 지어 피어 있다. 꽃과 풀이 바람이 전해주는 이야기에 답하는지 흔들거린다.

무심천은 묵묵히 망설임 없이 흘러간다. 물길이 휘어지면, 돌아서 간다. 누군가 돌멩이라도 던지면, 투덜거리지 않고 그 마음을 흘려보낸다. 누군가 그림자를 드리우며 상념에 잠기면, 잠시 물빛이 짙어질 뿐 물들지 않는다. 바람이 물에 스며 물결을 일으키면, 잠시 일렁일 뿐이다. 조금씩 달라졌다 해도 그것 또한 자신이다. 그런 모습에 괘념치 않는다. 그저 쉬지 않고 흘러갈 뿐이다.

일렁이는 물 위에 내 마음을 부려 놓는다. 물처럼 흘러가고 싶은가, 목적지가 어디인가, 거기에 가려고 노력은 하는가. 바람이 옷깃을 흔든다. 구름이 말도 만들고, 양도 만든다. 구름에 기대어 말을 타고 푸른 들판을 달리는 기사가 되기도 하고, 순한 양을 모는 양치기가 되어 집으로 돌아가기도 한다.

내 마음도 어미 꿩을 따라 나온 꺼병이들처럼 무심천을 따라 흐른다. 상쾌한 기분을 뜻하는 금계국을 둘러나온 바람이라 그런지, 심신이 가벼워진다. 개망초가 지금부터라도 기사든 양치기든 뭐든 시작하라고 말하는 듯하다.

어느덧 우리는 무심천에서 내려오는 물과 대청댐에서 내려오는 물이 합쳐지는 곳에 있는 작은 다리에 다다랐다. 햇볕으로 따끈해진 다리에 앉아 다리쉼을 한다. 일행이 가져온 새콤달콤한 시원한 오미자차를 마시니, 엉덩이까지 시원해진다.

키 큰 나무와 작은 꽃들과 이름 모를 풀들이 생긴 것은 제각각 달라도, 바람의 부름에 화답하며 하나의 풍경으로 피어난다. 제각각 다른 개성을 가진 우리 일행도 하나로 어우러져 무심천의 한 자락이 된다. 일행이 부르는 '동백타령' 이 퍼져나간다. "동백 따는 큰애기야 동백만 따지말고/이 총각 마음도 살짝궁 따다가 오손도손 사랑을 맺세" 민요 가락이 사랑의 전령사가 되어 무심천에 넘실거린다. 꽃은 피어 벌과 나비를 부르고, 나무는 씨앗을 날려 보내 사랑을 찾는다. 모두 지금 생에, 이 순간에 열정을 쏟는다. 유유히 흐르는 물을 보며, 맛있는 차를 마시고, 민요 자락에 흥이 나니, 신선이 따로 없다.

지금은 머리 위로 부는 바람에 의미를 두지 말자. 날마다 바람은 다른 색깔을 띠고, 다른 냄새를 품고, 다른 모습으로 불어온다. 또다시 부는 바람에 어디론가 흘러가리라. 그곳이 내가 원하던 곳이든, 그렇지 않은 곳이든 간에 그럴 수밖에 없을 것이다. 또 거기서 부는 바람에 의미를 묻고자 할 것이다. 지금은 부는 바람에 머리카락을 맡긴다.

무심천을 걸으며 2

머리가 복잡하고 쉬고 싶은 날에는 무심천에 간다. 사람들이 찾아와 한숨을 쉬든, 달리기하든, 물에 비친 거꾸로 선 나무를 한없이 바라보든 무심천은 저 갈 데로 무심히 흘러간다. 무심천은 사람들이 들이쉬고 내쉬는 숨결의 이유를 묻지 않는다. 그래서 무심천이 좋다.

억새가 고개를 끄덕이며 나를 부른다. 한때는 푸르렀다고 말하는 듯하다. 겨울 억새에서는 뜨거운 햇볕을 견디고, 퍼붓던 폭우를 이겨낸 의연함이 묻어 있다. 쏟아지는 눈발 속에서도 꺾이지 않은 억새의 허리에는 힘겨운 삶의 견뎌낸 자부심이 묻어난다. 바람이 불면 흔들리고, 비가 내리면 쓰러졌다 일어났을 억새에 가난과 역경 속에서도 꿋꿋이 살아가는 고단한 사람들의 모습이 겹쳐 보인다.

무심천 가에는 강아지풀, 바랭이, 수크령, 토끼풀, 메꽃 등이 푸르렀었다. 그 위를 환삼덩굴이 거친 털이 가득한 줄기를 벋어 완전히 뒤덮었다. '그 아래 풀들은 광합성을 할 수도 없어 죽을 수도 있겠구나' 하는 생각이 들었다. 얼마 뒤에는 그 위를 가시박이 가득 덮었다. 기는 놈 위에 나는 놈이 있다더니……. 괘씸하던 환삼덩굴이 안쓰러웠다. 계절이 더 깊어져 서리가 내리니, 기세등등했던 가시박이 먼저 서리를 맞아 검게 변하면서 환삼덩굴이 드러났다. 며칠 후에 환삼덩굴이 된서리를 맞고 축 처졌다. 그 밑에는 죽었을 것만 같았던 들풀이 당당히 살아있었다. 그것들은 추위로 땅이 얼 때까지 가장 늦게까지 무심천을 푸르게 했다.

기세등등하던 권세도 화무십일홍花無十日紅이요, 권불십년權不十年이라더니 언제 그런 적이 있었느냐는 듯이 쇠하여간다. 들풀 같은 서민들은 이리저리 휩쓸려도 이 시절이든 저 시절이든 간에 꿋꿋이 자기 자리에서 살아간다. 가장 나중까지 푸르다. 이름도 모르는 미미한 들풀이 억척스럽게 살아서 세상을 지킨다는 생각이 든다.

갓털 달린 씨앗이 사뿐히 날고 있다. 자신의 주변에 씨앗을 떨궈 삶의 터전을 경쟁하지 않고, 자손을 더 멀리 퍼뜨려서 영역을 확장하려고 한다. 바람이 그런 마음을 아는지 씨앗을 멀리멀리 날려준다. 지나친 경쟁을 피하게 하려는 자연의 섭리가 발현한 듯싶다.

아파트 앞 상가가 생각난다. 이용객의 수는 정해져 있는데, 업종이 같은 점포가 여러 개 생긴다. 점포세는 비싸고 이용객은 한계가 있고, 가격 경쟁을 하자니 수익이 나지 않는다. 얼마 못 가서 문을 닫는다. 리모델링 비용에 개점 비용에 손해가 이만저만이 아닐 것이다. 대부분 젊은 사장님들이다. 자본도 적고, 사업 경험도 짧을 텐데……. '이 사람들은 시장조사도 안 하나' 하는 생각을 하면서도 딱하기만 하다. 바람이 씨앗을 먼 곳으로 날려주는 것처럼 누군가 조절해 주면 좋겠다는 생각이 든다. '어떤 가게가 들어와야 잘 될까' 하며 남의 걱정을 사서 한다.

이것저것이 섞여 있을 때 더불어 살아갈 수 있다. 환삼덩굴과 가시박처럼 한 가지만 위세를 떨치면, 역경이 찾아왔을 때 한꺼번에 죽을 수 있다. '상생할 방법은 없을까' 하는 생각을 한다.

먹구름이 하늘을 가린다. 하늘이 찌뿌둥하다. 들풀과 나무들도 수심에 잠기고, 시냇물은 더 아래로 가라앉은 듯하다. 마음이 잠기니 몸도 무거워져 발걸음을 떼기가 성가시다. 이내 발길을 돌린다.

가로수가 잎을 다 떨구어 나목이 되었다. 불필요한 잎을 버리고 겨울나기 준비를 한다. 이 시기를 견뎌야 다시 잎이 나고 꽃을 피우고 한층 키가 커질 것이다. 사람도 나무처럼 성장기와 정체기가 있다. 환삼덩굴이 하늘을 가리고, 가시박이 그 위를 또 덮어 햇빛 한 점 들지 않는다고 생각될 때가 찾아오기도 한다. 그럴 때는 나목처럼 꼭 필요한 것만 남기고, 인내하며 기다리자. 편견과 아집을 버리고, 욕심을 내려놓자. 변화를 두려워하지 말자. 번데기를 뚫고 나와야 아름다운 나비가 될 수 있다. 알을 깨고 나와야 하늘을 날 수 있다.

겨울 초입에 선 무심천에서 봄이면 피어날 꽃과 잎을 상상한다. 씨앗으로 변하고, 낙엽이 되어 떨어지지 않으면, 새봄을 기약할 수 없다.

안개

무심천이 밤새 풀어놓은 안개가 바다 되어 흘러갔다. 안개는 도로를 삼키고, 키 큰 나무들을 삼키고, 사람들을 꾸역꾸역 삼켰다. 점점 더 짙어져서 모든 것을 삼켜 포로로 만들었다. 안개는 굳건한 성벽을 쌓아 아무것도 성 밖으로 내보낼 생각이 없었다.

밥벌이에 매인 사람들이 헤드라이트를 켜고 출근길을 서둘렀다. 하얀 창을 들고, 하얀 투구를 쓴 안개 병사들이 길을 막아 눈앞에만 빠끔이 구멍이 났다. 구멍 속에 빠진 차들이 우왕좌왕 설설 기었다. 진퇴양난인 차들로 도로는 장사진을 이루었다. 거칠 것 없는 안개의 위세에 차들의 형체가 뭉그러졌다.

밥그릇 전쟁에서 벗어나 바쁜 것 없는 나는 기꺼이 안개 나라의 주민이 되었다. 안개가 내어준 하얗고 푹신한 의자에 앉아, 내 냄새를 헤집으며 그것을 안개의 밥으로 던져주었다.

꽃무늬가 그려진 분홍색 원피스를 입은 일곱 살배기 꼬마애가 살았다. 그 여자애는 고무신 뒤축을 뒤집어 약간 높여서 뾰족구두로 만들었다. 그 신을 신고 멋진 아가씨가 되기를 꿈꿨다. 살던 동네가 세상 전부였고 세상은 너무나 선명해 보였다. 하고 싶은 것이 분명해서 안개라는 것을 알지도 못했다.

아이는 조금 더 자라서 또래 아이들과 어울려 놀면서도, 나와 남을 뚜렷이 구별할 줄 몰랐다. 무심천에서 작은 돌을 주어다가 친구들과 집공기놀이를 했다. 봉숭아꽃이 피면, 꽃과 잎을 시들려서 백반을 넣고 빻아 손톱에 붉은 꽃물을 들였다. 별다른 걱정 없이 놀 수 있어, 세상은 재미로 가득한 곳이었다. 같이 어울려 놀았어도 누구는 상급학교로 진학했고, 또 누구는 취업해야 했다. 세상은 누구에게나 똑같은 곳은 아니었다.

더 자라서는 각기 다른 방식으로 세상을 살아간다는 것을 알았다. 세상이 내 이야기를 들어주지 않을 수도 있다는 것을 아는 사람이 되었다. 밥벌이하여 앞가림할 수 있게 되었고, 사는 세상도 더 넓어졌다. 하지만 세상이 굴러가는 이치는 더 캄캄하게 느껴졌다. 세상은 안개 가득 낀 어둑한 밤이었다. 나는 바람 부는 터미널 매표구 앞에 서서 목적지를 말하지 못하는 승객이었다. 어느 버스를 타고 떠나야 할지 알지 못했다. 누구를 붙잡고 물어볼 수도 없었다. 버스터미널은 안개가 자욱했고, 앞선 사람들은 안개에 먹혀 보이지 않았다. 앞서간 사람들이 어디로 갔는지도 알지 못하면서, 앞사람의 뒷그림자를 따라가려고 애썼다.

이때부터 끼기 시작한 안개는 좀처럼 걷히지 않았다. 무엇을 좋아하는지, 무엇을 하고 싶은지, 어디로 가고 싶은지 잘 알지 못했다. 뭘 좋아하느냐는 질문을 받으면, 선뜻 대답할 수 없었다. 삶의 실체는 물 위에 비친 달처럼 잡기 힘들었다.

안개는 더 많은 분신을 만들어서 뿌리고 있었다. 안개 나라에는 사람들의 껍데기만 살고 있었다. 안개는 분홍색 원피스를 입은 꼬마의 꿈을, 재미로 가득했던 소녀의 세상도, 이상이 드높았던 아가씨의 낭만도 삼켜버렸다. 그것들이 안개 속을 떠돌아다녀서 세상천지가 뿌옇다.

현실에 안주하지 못하는 나는 어느새 안개 속에 집을 지었다. 안개 뒤안길을 따라가면 가뭇하게 반짝이는 불빛이 어서 오라고 손짓했다. 노력하지 않아도 나를 아끼고 사랑하는 가족이 온종일 고생 많이 했다며 반겼다. 여기서는 부족해도 온전한 '나'가 되었다. 식탁에 앉아 찌개를 한 숟가락 먹었다. 따뜻한 온기가 퍼져, 축 늘어져 있던 세포가 하나하나 되살아나는 듯했다. 가득 차오르는 충만함에 눈을 뜨고 싶지 않았다. 안개는 허기와 쓸쓸함을 녹여 내며 계속 머무르라고 했다.

낮달 같이 빛바랜 노란 해가 떴다. 안개가 묽어지고 있다. 안개가 삼킨 사람들의 모습이 흐릿하게 나타났다 사라진다. 이들도 안개 속에 자신의 청춘을 묻었을지도 모른다. 사라지는 안개 집을 잡으려고 손을 뻗어본다. 누구에게 인정받고, 사랑받고 싶다는 마음이 강렬할수록 그 집은 더 그럴듯해지겠지만, 그것은 사라질 허상일 뿐이니…….

달라붙는 안개 의자에서 뭉그적거리며 일어나 커피를 내린다. 구수한 커피 향이 온 집안에 퍼진다. 따뜻한 커피 한 모금이 목넘김을 한다.

따뜻함이 달라붙는 안개를 녹여 낸다. 옛것에 사로잡혀 주저앉지 말고, 마음이 내는 작은 소리에 귀 기울이라고 한다. 작은 것들이 모여 마음 한 귀퉁이에 시원한 비를 내리기 시작해서, 모든 안개를 날려버릴지도 모른다. 지금은 사랑받기보다는 사랑을 나누어줄 때라고 말하는 것 같다.

물속에 거꾸로 선 도시에서는

무심천 물속에 거꾸로 선 도시가 있다. 지상 도시의 가로등보다 몇 배의 길이로 늘어난 가로등 불빛이 길을 안내한다. 아파트에서 노란 혹은 주황빛이 흘러나와 세상을 알록달록 물들인다. 물속 도로를 자동차들이 분주히 달린다.

장미 넝쿨 늘어진 아파트로 들어서는 자동차를 따라간다. 현관문을 열면 가족들이 달려와 반겨주고, 일터에서의 고단함을 달래줄 따뜻한 밥상이 차려져 있다. 식구들이 식탁에 모여 앉아 두런두런 이야기를 나누고, 다음 날 일정을 의논한다. 다정한 그림자 창문에 어린다. 나가 있는 식구의 자리를 비워두는 이 집에는 갈등과 단절이 없을 것이다. 이런 곳에는 혼잣말하는 독거노인도 고독사도 없을 것 같다.

오래된 좁은 길들이 여러 갈래로 벋어나간다. 사람이 오래 살아서 자연적으로 생겨났을 골목길을 따라 걷는다. 오래된 작은 서점이 있고, 많은 책이 여기저기 쌓여 있다. 서점 문을 연다. 참고서와 하이틴 로맨스물들이 보인다. 여기는 중학생 때 가벼운 주머니를 털어 문고본 책을 샀던 곳과 닮았다. 하이틴 로맨스물에 빠져 순수하고 기품있는 사랑을 꿈꾸었던 소녀들의 모습이 떠오른다.

여기는 옛것이 낡은 것으로 치부되지 않고 현대적인 것과 공존한다. 추억이 낡은 것으로 전락하지 않고 오래된 아름다운 가치로 남는다. 사람들이 아름다운 추억과 함께 나이 들어간다.

골목길을 빠져나와 시가지를 걷는다. 교통체증도 매연도 없는 깨끗한 도시에는 지역 전설을 형상화한 가로등이 어둠을 걷어내기 시작한다. 마을 공터에는 사람들이 두세씩, 서넛씩 모여 담소를 나누고 토론도 한다. 그들은 삶의 문제 속에 숨은 진주를 찾고자 열중이다. 진심으로 이야기하고 열심히 듣는다. 위로하며 해결책을 찾고자 한다. 그런 사람이 많은 이 도시는 앞으로 더욱 발전할 젊은 도시일 것이다.

다른 길로 들어선다. 큰 점포 앞 도로를 따라 노점상들이 보인다. 모자, 액세서리, 도넛, 채소류 등 먹거리와 일상용품을 판다. 사람들이 기웃거리며 필요한 물건들이 있나 살핀다. 물건을 사고파는 사람들로 복작댄다. 열심히 살아가는 사람들이 빠르게 모였다가 흩어진다. 활기찼던 거리가 밤의 적막 속에 가라앉는다.

물속 도시에서는 짓누르는 힘겨움 속에서도 삶이 금가루처럼 반짝거린다. 일한 만큼 거두며, 노력한 만큼 발전한다. 사람들이 대화로 소통할 줄 안다. 서로의 차이가 아니라 다름을 인정한다. 살아가는 문제들이 조금씩 가벼워진다.

눈을 뜨니, 여전히 무심천 키 낮은 다리 난간에 앉아 있다. 물결 따라 물속 도시가 일렁인다. 불빛이 일렁거리며 긴 꼬리를 그린다. 달리는 차들이 일그러진다. 물속 도시 사람들이 희미해져 간다. 검푸른 하늘에 흐르는 새털구름 위로 눈썹 같은 달이 간다.

무심천 다리 위에는 많은 차가 물결을 이루고 있다. 먼저 가고 싶은 조급함으로 경적을 누른다. 소음이 여기저기 부딪혀 갈 길을 잃고 더 크게 울어댄다. 밀려있는 차에서 나오는 매연으로 보행자는 마스크를 더 올린다. 생활로 인해 저절로 생겨난 작은 길이 아니라 인위적으로 많든 넓은 길이 죽 벋어나간다. 발전을 추구하는 경쟁심으로 도시는 점점 복잡해진다. 많은 사람 속에서도 사람들은 점점 더 고독을 먹고 산다. 사람들이 말을 잃고 제 그림자 홀로 밟고 간다.

허리가 구부정한 할머니와 허름한 옷차림의 할아버지가 혼자서 걸어온다. 다리 밑에서 아저씨가 혼자서 막걸리를 마신다. 삶의 무게가 버겁게 다가온다. 나도 혼자서 걷는다. 다른 사람들에게 쓸쓸함을 보탤 것 같아, 달을 따라 집으로 간다.

제6부

행복을 찾는다

우도를 달리며

군락을 이룬 띠 사이로 바람이 지나가 물결을 이룬다. 좁은 공간에 이런저런 인공구조물을 놓아 만든 우리 마을 공원과 달리, 넓은 초원에 아무런 설치물이 없이 '우도등대공원'이라는 팻말만이 우뚝 서 있다. 들풀만이 이리저리 누우며 여행객의 눈길을 끈다. 꾸밈없이 있는 그대로라서 걸리는 것 하나 없이 시원하다. 고삐에 매이지 않은 어미 말과 망아지가 한가롭게 풀을 뜯고 있다.

청춘들의 감추어둔 순정처럼 반짝이는 끝없이 펼쳐진 바다. 옷깃을 파고드는 시원한 바람. 여행객들의 밝은 얼굴. 파스텔 색조 치맛자락이 바람에 하늘거린다. 아들이 매인 곳 없는 자유스러움에 가는 곳마다 "좋다."고 환호성이 터트린다. 리오데자이네루에 있는 예수상처럼 두 팔을 벌리고. 다시 직장에 복귀해야 하는 짧은 쉼이라서 더 달콤하리라.

거대한 수제버거를 먹으며, 풍광이 좋아 열심히 셔터를 누르는 여행객을 구경한다. 친구끼리, 온 가족이 함께, 연인과 모녀지간이 많이 보인다. 모자 조합은 잘 보이지 않는다. 저들도 제각각 사연이 있을 것이다. 여행 나온 지금은 이 순간을 즐겨야 한다. 아들과 둘이 나온 첫 여행이다. 처음에는 대화를 좀 할 수 있을 거로 생각했지만 말을 줄인다. 좋은 추억이 많이 생겨 오래 기억되길 바랄 뿐이다. 친구들과 같이 왔으면 훨씬 재미있었을 아들을 슬그머니 훔쳐본다.

아들이 태어나서 처음으로 집을 나가 독립한다. 이미 성인이기도 하지만, 독립을 축하할 만큼 장성했다. 아들 독립 기념 여행인 셈이다. 여행을 주선하는 아들의 손길에서 남겨질 가족에 대한 걱정과 배려가 느껴진다. '둘이 하는 여행은 처음이자 마지막일 수 있겠구나' 하는 생각이 든다. 아들이 "이 여행으로 십 년쯤 버텨보셔." 한다. 차가운 음료수를 한 모금 마신다. 차가움이 몸 속속들이 퍼진다. 가슴까지 이릿하다. '독립해도 집에는 자주 올 테니까' 하는 생각에 머리 위로 부는 바람도 시원하다. 시원함을 한가득 삼킨다.

전동차를 타고 우도를 달린다. 우도에는 몽돌, 홍조단괴, 흰모래, 검은 모래 등으로 이루어진 해변이 공존해서 다양한 즐거움을 누릴 수 있다. 기암절벽이 아름다운 검멀레 해수욕장에 도착한다. 화산 폭발로 생긴 현무암이 억겁 세월 동안 바람과 파도에 부서지고 부서져서 검은 모래가 되었다. 시간은 모든 것을 풍화시키고 소멸시킨다.

자동차, 전기차, 행인으로 북적이는 해변 입구에 구급차가 와 있다. 신발 한 짝을 손에 든 할아버지가 땀을 뻘뻘 흘리고 있다. 얼굴에 수심이 가득하다. 할머니가 동안경굴을 보러 내려갔다가 미끄러져서 다리가 부러졌다고 한다. 해변과 도로는 경사진 계단으로 연결되어 있어서 옮기는 데 무척 애를 먹은 모양이다. 이 모습을 지켜보던 나이 든 여행객이 “나이 들었으면 조심해야지. 거길 왜 내려가서 다치고 주변 사람들에게 폐를 끼치나.” 하며 걱정한다.

여행을 시작하면서 아들은 뭐든 척척 잘한다. 묵을 펜션과 비행기 표를 예약하고, 자동차를 탁송한다. 핸드폰으로 무엇이든 쾌속으로 해결한다. 그 신속함과 편리함에 감탄이 절로 나올 뿐이다. 어떻게 할지 몰라서 차려진 밥상 위에 숟가락만 올려놓았다. 주변은 노쇠해 가는 나를 두고 빠르게 줄달음친다. 세월은 몸만 관통하는 것이 아니다. 가진 지식도 닳고 낡아간다. 생각이 통하지 않으니, 마음의 크기도 준다. ‘또 무얼 잘못하지는 않았나’ 하는 마음에 자꾸 옹색해지고 움츠러든다. 여행에 변수가 생길 때 '나는 잘 대처할 수 있을까. 그저 조심하고 세월의 흐름을 따라가려 노력해야지' 하며 검멀레해변으로 내려가는 계단을 밟는다.

단기 여행은 여러 번 했다. 대부분 여행사를 따라다녀서 일정을 소화하기 바빠서 늘 껍데기만 본 기분이었다. 그때는 볼거리, 먹을거리에 혹해서 마음까지는 들여다보지 못했다. 그래서 돌아오면 그 지역 관련 지식이 조금 더 생겼을 뿐이었다. 그나마 시간이 지나면 다 잊힐 것이었다. 정말 기분 전환되라고 바람만 쐬고 온 것이다. 이번 여행은 장기로 잡아서 조금 더 원하는 것들을 생각해 보기로 하였다. 그 그릇이 그 그릇인데 살던 곳을 떠나왔다고 하여 삶의 깊이가 깊어질까마는 그래도 누가 알겠는가. 불어오는 향긋한 바람이 묵은 삶의 찌꺼기를 덜어내 줄지……. 이미 마음 한구석에 버려야 할 것, 하고 싶은 것이 차곡차곡 정리되어 있을지도 모른다. 내가 들여다볼 용기를 내길 기다리며.

어느새 전동차가 우도를 한 바퀴 돌고 하우목동항에 도착했다. 그늘진 정자에 누워 바다를 더 보고 싶어 하는 이들을 보채서 다시 성산항 배에 오른다. 들어올 때 까메오로 출현했던 돌고래 무리도 떠남이 섭섭한지 보이지 않는다. 상쾌한 바람과 날아갈 것 같이 자유스러운 기분을 어디에 담아갈 수 있다면 얼마나 좋으랴마는…….

혼인지를 돌아보며

개인 집 안마당에도 길가에도 짙은 보라색, 파란색 등의 수국이 탐스럽다. 혼인지 내의 길마다 푸른색 수국이 꽃 잔치를 한다. 만개한 수국이 상춘객을 부른다. 여기저기에서 결혼사진을 찍고 있다. 인생 최고 장면을 남기기 위해 이런저런 포즈를 취한다. 유치원생부터 노인까지 다양한 사람들이 생애의 한 장면을 혼인지에서 연출하고 있다.

혼인지는 제주의 고을라, 양을라, 부을라라는 세 신인이 벽랑국의 세 공주를 아내로 맞이하여 혼례식을 올렸다는 연못이다. 세 공주가 가져온 가축과 씨앗으로 수렵사회가 농경사회로 바뀌면서 고 씨, 양 씨, 부 씨라는 씨족이 형성되었다. 이곳은 제주도민의 시조 신화가 탄생한 곳이다.

인생을 간단히 말하면 태어나고, 결혼하여 종족을 보존하고,

죽는 것이라고 한다. 그렇다고 해도 근원에 대한 의문과 갈증이 사그라지지는 않는다. '나는 어디서 와서 어디로 가는가' 하는 자기 뿌리에 대한 궁금증이 그럴듯한 이야기로 풀려나온 것이 시조 신화인 듯하다.

모든 생명체는 죽음의 덫을 피해 갈 수 없다. 인간의 삶이 하루하루 죽어가는 것이라고는 하나, 하루하루 새롭게 피어나는 것일 수도 있다. 가슴에 눅눅한 해무가 스며들고 어둠에 짓눌러 고독이 친구처럼 찾아와도, 새롭게 피어나기 위해 '인생은 고해'라는 강에서 열심히 노를 젓는다. 가는 도중 간이역에는 자신의 반쪽을 찾는 결혼도 있다. 결혼은 부족함을 채우기 위한 수단이라기보다는, 삶을 좀 더 풍요롭게 만들어 또 다른 삶으로 나아가는 디딤돌이다.

나이 들고 보니, 근심 없어 보이는 젊은이들의 앞날이 마냥 밝게만 다가오지는 않는다. 30여 년을 다른 환경에서 살다가 만나서 한 가정을 일구어가야 한다. 결혼생활에 얼마나 암초가 많은가. 거기에는 무수한 다름과 구별이 있다. 젊은이들의 얼굴이 한가지 목표를 함께 바라보길 바란다. 합의점을 찾아 목적지에 함께 도착하기를 바란다. 결혼은 힘들 때나 좋을 때나 함께 해서, 어차피 좋은 꿈만을 꿀 수는 없다. 결혼은 생활이고, 넘어야 할 고비가 있게 마련이다.

결혼생활을 하면서 연애할 때 몰랐던 생활습관과 성격의 차이로 부딪힌다. 치약 짜는 방법으로도, 휴지 걸이에 휴지 거는 방향으로도 싸운다. 다소 불편함을 슬기롭게 극복하는 지혜가 새로 탄생하는 이 부부들에게는 분명히 있을 것이다. 젊은이들이 또 다른 삶을 찾아 떠나는 여정에 축복이 깃들길 바라는 마음 간절하다. 웃으며 결혼사진을 찍는 젊은이들의 모습이 새로운 삶을 향해 한 발짝 내딛는 당당함과 성숙함으로 유월의 싱그러움처럼 푸르다.

한쪽에서는 유치원생이 선생님께 묻는다. “여기 나무 밑에 개미가 많아요. 근데 이 개미는 죽었어요.” 선생님이 개미가 나뭇진을 좋아하는 모양인데, 모든 생명은 죽을 수밖에 없다고 답한다. 삶과 죽음은 쌍둥이라서 늘 붙어 다니는지도 모른다. 그래서 결혼하고 자신을 닮은 2세를 낳아서, 자기 삶이 계속 이어지기를 꿈꾸는지도 모른다.

장성한 아들과 노모가 함께 흐드러진 수국 길을 걷고 있다. 어머니가 탐라국이 무엇이냐고 묻는다. 아들이 제주가 옛날에는 탐라국이라는 나라였는데, 고려 말기 고려에 편입하여 제주가 되었다고 설명한다.

노모의 관심사는 어느덧 요양원으로 넘어가고 있다. 조금 더 있으면 그곳이 안식처가 될 모양이다. 요양원에서는 방에 요강과

허접스러운 음식을 밀어 넣어줄 뿐이라고 지레 걱정한다. 아들은 묵묵부답 말이 없다. 이미 죽음이 저만치 와 있을지도 모른다. 지금 한창인 수국도 조금 지나면 누렇게 시들 것이다. 더구나 개량종 수국은 씨앗을 남기지 못한다. 그래도 인간은 어머니의 삶을 아들이 이어가고, 또 이어갈 것이다.

새 생명 탄생 약속의 장場인 혼인지는 생명이 원래대로 돌아가는 죽음에 대해서도 함께 질문을 던진다. 죽음이 그림자처럼 따라다녀도, 다시 오지 않을 이 순간을 후회 없이 살아가야 한다. 그래서 결혼하고, 아이를 낳고, 또 그렇게 다음 생을 기약한다.

요즘은 결혼이 필수가 아닌 선택이 되었고, 비혼도 늘어나고 있다. 그래도 기와지붕의 날렵한 처마가 아름다운 이곳에서는 여전히 전통혼례를 올린다. 먼 옛날부터 그래 왔다. 그것이 보통 사람이 살아가는 길이니 앞으로도 그럴 것이다.

서귀포 치유의 숲에서

푸른 산천이 나를 부른다. 그곳에 가 보고 싶다는 유혹을 떨치기 힘들다. 하늘에 닿을 것 같이 치솟은 나무들 사이로 드문드문 푸른 하늘이 보인다. 나무들 사이로 난 좁은 길이 휘돌아나간다. 그 길을 따라가고 싶다.

중산간지대에 있는 서귀포 치유의 숲을 찾았다. 숲해설가와 함께 노고록(여유로운)무장애길을 걷고, 가멍오멍숲길을 걷는다. 여러 나무에 관한 이야기를 듣는다. 붉가시나무는 이산화탄소 흡수율이 최고이며, 2년마다 도토리를 맺는다. 동백꽃의 꽃말은 '오로지 당신만을 사랑해' 이고, 동백기름은 머릿기름으로 쓰이지만, 목이 아플 때 마시기도 한다. 나무껍질이 머릿니를 닮은 이 나무로는 책걸상, 살레(찬장) 등 가구를 만드는데, 의자의 재료도 되어서 의자나무라고도 부른다.

가베또롱(가벼운) 숲길을 걷는다. 나무들 사이로 여기저기 돌담이 보인다. 어느 돌담 앞에 섰다. 조릿대와 이름 모를 풀이 있다. 이 풀이름을 아느냐는 질문에 아무도 대답하는 사람이 없다. 그 풀은 양하(생강)였다. 옛날 집에는 조릿대와 양하를 심었고, 여기가 살림집 터라는 근거라고 한다. 양하의 줄기와 꽃대는 데쳐서 초장을 찍어 먹는 나물이었다. 조릿대로는 여러 가지 살림 도구를 만들었다. 뚜껑이 있는 차롱과 없는 구덕이 대표적이다. 차롱에 밥을 담아놓으면 더운 날씨에도 쉬지 않는다고 한다.

가멍오멍숲길에서 통나무를 삿갓 모양으로 서로 기대어 놓은 곳을 지났었다. 참나무는 물러서 습기가 잘 스며들고, 땅바닥에 내려치면 균열이 잘 생긴다. 균열이 난 곳에 버섯종균을 넣어 버섯을 키웠다고 한다. 요즘에야 구멍을 뚫어서 사용하지만. 그때는 아무런 생각도 없이 들었는데, '여기는 그냥 아름다운 숲이 아니라, 사람들의 삶의 터전이었구나' 하는 생각이 그제야 든다.

좁은 올레길로 접어드니 집터가 보인다. 아들 내외가 살던 안거리, 부모 내외가 살던 밖거리, 조부모 내외가 살던 목거리가 있었다. 먹거리를 따로 해결했고, 일하러 나가는 시간도 달랐다. 물 부족으로 논농사도 되지 않고 척박해서, 서로에게 부담을 주지 않으려고 독립적으로 생활했다. 부지런히 오가는 사람들의 발걸음이 보이는 듯하다.

제주도민들의 독특한 생활상을 드러내는 통시가 보인다. 통시에는 돼지들의 공간에만 지붕이 있고, 사람이 사용하는 공간에는 지붕이 없다. 돼지가 이들에게 얼마나 중요한 살림 밑천인지 잘 드러난다. 인간의 배설물을 돼지가 먹고 재배설하여, 거름으로 쓰여 버려지는 것이 없었다. 지붕이 없으니, 냄새가 있을 리 없고, 배설물을 방류하지 않으니 환경오염이 있을 리 없다. 문명에 뒤떨어진 것이 아니라 지극히 친환경적이다. 자연의 순환에 거스르지 않는다. 요즘 하천 오염의 주범인 양변기와는 참 다른 모습이다.

엄부랑(엄청난, 큰)숲길을 걷는다. 엄청나게 큰 삼나무들이 하늘을 가리고 있다. 여기 살던 사람들은 일제강점기에 강제 소개되었다. 그 당시 이곳 사람들은 화전을 일구며 살았는데, 일본인들이 그것을 금했다. 그리고 잘 자라는 삼나무와 편백나무를 심었다. 어느 집 마당에는 한 아름이나 되는 굵은 삼나무가 버티고 있다. 잘린 그루터기에서 일곱 가지 줄기가 나왔는데, 그 줄기조차 아름드리다. 칠 형제 나무다. 정말 어마어마한 번식력이다. 이런 나무를 심어놓고 훼손하면 벌을 주겠다고 하니, 사람들은 정든 집을 버리고 떠날 수밖에 없었다. '다음에 와서 가져가야지' 하고 집 앞에 꺼내놓은 빗물이 고인 돗도구리(돼지여물통)가 홀로 집을 지키고 있다.

긴 잣성이 보인다. 잣성은 경계용 돌담이기도 하고, 말들이 농경지로 들어가 농작물에 피해 주는 것을 막기 위해 쌓기도 했다. 제주가 삼다도라고 하더니 정말 돌이 많다. 집담도 밭담도 다 돌이다. 저 돌들은 밭을 개간하고, 집을 지을 때 나왔을 것이다. 돌들을 맨 가장자리에 쌓았고, 저절로 경계가 되었을 것이다. 그렇게 만든 밭에서 난 소출에 기대어 살았을 것이다. 돌담이 처음에는 향토적인 아름다운 풍경으로 다가왔지만, 자꾸 보니 '참으로 어렵게 살았구나' 하는 생각이 든다.

날렵한 해설사의 발걸음을 따라가기 어렵다. 헉헉거리며 간신히 따라잡는다. 해설사가 그냥 걸어도 힘든 산길을 현지인들은 이고 지고 걸었을 테니 얼마나 힘들었겠냐고 한다. 내 다리가 아프고 숨이 가쁘니, 여기서 산 사람들의 고단한 삶이 조금은 직접적으로 다가온다.

제주 중산간지역에는 초지가 많다. 화산지역이라서 물이 고이지 못하고, 모두 흘러가기 때문일 것이다. 말을 키우는 국영목장도 운영되었으니, 불을 질러서 나무가 자라지 못하게 하고 초지를 만들어서 더 그럴 것이라는 생각도 든다. 곳곳에 하얀 메밀꽃이 피어, 제주의 아름다움을 더하고 있다. 메밀은 몽골인들이 말을 키운다고 '피 말라 죽어나 봐라' 하며 주었다고 한다. 그 이듬해 와서 보니, 잘 먹고 있어서 깜짝 놀랐더란다. 찬 성질의 메밀을 소화를 돕는 무랑 함께 먹어서 영양소를 온전히 흡수했다. 메밀은 빙떡이 되어 제사상에까지 오르기도 하고, 해산하고도 먹는 귀한 음식이 되었다. 해로운 것도 이롭게 바꿀 수 있는 지혜가 삶의 원동력이 되었을 것이다.

제주의 푸름에 넋을 놓고 있다가, 제주도민의 넋을 보고 간다. 키 큰 웅장한 삼나무와 살충, 살균, 면역력에 좋다는 편백나무의 이면을 본다. 나무들이 역사의 증거가 되고 있다. 그 속에서 부대끼며 살아야 했던 사람들의 모습이 보이는 듯하다. 아침 일찍부터 일터로 나가서 말을 치고, 땅에 엎드려 밭을 일군다. 딸내미 혼인 잔치에 쓰려고 돼지를 애지중지 키운다. 하루 일을 마치고 올레길을 걸어 돌담으로 둘러친 집으로 들어가는 그들의 모습이 어른거린다.

한라산을 오르며

제주도 이곳저곳 돌아보는 동안, 산들이 다가왔다가 멀어져 갔다. 어느 산이 한라산일까. 그곳에 가고 싶었다. 벌써 붉은 철쭉꽃밭이 아른거렸다. 새벽 다섯 시부터 부지런히 움직여서 7시 40분에 영실휴게소에 도착했다. 8시 전에 가야 차를 세울 수 있다고 하더니, 딱 한 자리 남아있었다. 부실한 다리를 위해서 여간 다행스럽지 않았다.

'영실 1,280m' 라는 푯돌이 보인다. 드디어 한라산에 오르기 위한 첫발을 뗀다. 입구부터 우람한 나무가 즐비하게 우거졌고, 녹음이 짙은 그늘을 드리우고 있다. 한라산의 등뼈 같은 계단을 타고 오른다. 무수한 노래기가 기어가고 있다. 밟지 않으려고 이리저리 피해 걷는다. 땅속 곳곳을 어떤 생명인가는 삶터로 삼고 있을 것이다. 노래기는 여러 개의 다리를 부지런히 움직여 땅을,

새는 근육질의 가슴과 뼛속을 비워 하늘을 삶의 공간으로 삼았다. 물고기는 지느러미를 부지런히 움직일 줄 알아 물속을 삶의 터전으로 만들었다. 뭇 생명이 자기에게 주어진 대로 살아간다.

맑은 하늘이 침침한 눈을 씻어낸 듯하다. 앞이 탁 트여 멀리 서귀포가 보인다. 원시림 같은 산록이 광활하다. 갈맷빛 숲이 푹신한 양탄자를 깔아놓은 것 같아서, 그 위에 올라가서 거닐 수 있을 것 같다. 드넓고 시원한 푸름에 환호성이 절로 터진다. 손오공의 근두운이라도 빌려 타고, 그 위를 한 바퀴 날고 싶다.

테크길을 따라 조금 더 오르니, 오백장군 바위와 수직으로 떨어지며 펼쳐진 병풍바위가 보인다. 오백장군 바위에는 설문대할망이 아들들에게 죽을 쑤어 먹이려다 솥에 빠져 죽었는데, 그것을 모르고 먹은 500명의 아들이 울다 울다 돌이 되었다는 전설이 전해진다. 원래 자식들은 거미처럼 어머니의 살을 파먹고 성장하는 것인지도 모른다. 영실이라는 거대한 솥 안에 솟은 삐죽삐죽한 돌들이 한라산을 신비롭게 한다.

노루가 마신다는 노루샘에서 다리쉼을 한다. 시원한 물을 마시고 간식을 먹으며 선작지왓을 본다. 넓게 펼쳐진 고원에 기암괴석이 흩어져 있고 여기저기 꽃이 피어있다. 산꼭대기는 늘 뾰족하게 솟아있다고 생각했다. 한라산이 우리나라에서 제일 높은 산인데도 위엄이 서려 있다기보다는 구릉을 보는 것 같아 안온하기 그지없다. 이런 지형으로 설문대할망이 영실이라는 큰 솥에 죽을 끓일 수 있었나 보다.

두 시간 삼십여 분을 오르니, '윗세오름 1,700m' 라고 쓰인 푯돌이 서 있다. 그 뒤에서 승리의 만세를 부르며 사진을 찍었다. 대피소에서 김밥과 남은 약밥을 먹는다. 오백장군의 영혼이라는 까마귀가 기웃거린다. 음식을 나누어줄 때를 기다리는지, 사람 가까이에 다가와 날아가지 않는다.

멀리 남벽이 보인다. 남벽 너머에 하늘 담은 물이 고인 백록담이 있다. 눈앞에 보이는 데도 못 올라가니, 잡은 고기를 놓친 것처럼 헛헛하다. 오름도 화구호에 고인 물이 보고 싶어서, 물영아리오름, 물장오리오름, 물찻오름 등 '물' 이 들어간 오름에 가고 싶었다. 체력에 맞는 영실코스를 찾은 것인데도, '백록담을 봐야 했는데' 하는 미련이 수북하다.

어리목으로 발길을 돌린다. 고지 습지가 보이고 관목숲이 끝없이 펼쳐진다. 어머니의 젖가슴처럼 완만하고 부드럽다. 여기저기 땅을 기는 철쭉이 피어, 하늘을 더 파랗게 한다. 아무도 의식하지 않고 피어나는 붉음은 생명의 원초를 생각하게 한다. 생긴 대로 그저 피어날 뿐이다.

햇볕에 앉아 쉬며, 그늘을 그리워할 때쯤 키 큰 나무가 우거진 숲이 나타났다. 서늘한 녹음 사이로 볕뉘가 쏟아진다. 숲이 말라가는 피부를 가려주고, 퍽퍽한 다리도 위로한다.

이제 어리목이 멀지 않을 것이다. 일곱 여덟이 된 아이들이 뛰어서 내려가고 있다. 나는 저 시절의 시간을 지나서, 천천히 조심스럽게 내려가야 하는 시간을 보내고 있다. 나보다 더 많은 시간을 보내왔을 어르신이 윗세오름부터 쓰레기를 주우며 내려오고 있다. 이분의 시간은 다르게 흐르는 것 같다. 단풍든 한라산과 백록담을 보러 다시 올 수 있게, 내게도 시간이 천천히 흘러갔으면 좋겠다.

한라산이 내어준 푸른 공기를 들이마신다. 누구나 한입에 한 모금씩이다. 자연은 특별히 누군가만을 아끼지도 등한시하지도 않는다. 무엇이든 간에 품 안에 깃든 생명체일 뿐이다. 조건 없이 살아갈 힘을 준다. 자연은 구분과 경계를 나누지 않는다. 인간도 자연 일부다. 그런데도 다른 생명체보다 우월하다고 생각하며, 인간끼리도 '너와 나'를 구분하여 계층을 나눈다.

인디언은 대지는 잠시 빌려서 사는 것일 뿐, 사고팔 수 없는 것이라고 했다. 그런데도 인간은 자연에 인위적인 구획을 나누고, 네 것 내 것을 만든다. 여행하면서 눈에 띈 것은 공공장소처럼 생각되는 곳에 자리 잡은 아름다운 개인 건축물이다. 바다가 시원스레 한눈에 보이고, 멋진 조형물로 포토존을 만들어 사람들을 유혹한다. 인위적으로 조성된 이런 곳은 그 아름다움을 누리기 위해서는 비싼 사용료를 내야 한다. 그 편안함과 아름다움에 반하면서도, 악어의 눈물 같은 행복이라는 생각을 한다.

한라산은 백만여 세월을 살아오고도 여전히 아름답다. 묵묵히 있는 그대로 보여주며, 울타리를 치지 않는다. 마음만 먹으면 언제든지 속살을 들여다보고, 그 참맛을 누릴 수 있다. 한 발씩 내디뎌 산을 오르기만 하면 된다. 한라산은 늘 그곳에서 찾아오기를 기다려주고, 내가 살아있다는 생생한 느낌을 준다. 대가를 바라지 않는 한라산은 어머니의 가슴처럼 넉넉하다.

어리목 입구에 택시가 늘 있다고 하더니, 한 대도 보이지 않는다. 버스를 타면, 1시간도 넘게 걸어야 한다. 등산이 끝날 줄 아는 다리가 힘들다고 아우성친다. 때마침 손님을 태운 택시가 와서 멈춘다. 쾌재를 부르며 타고 내려오다 보니, 앞서 버스 타러 내려가던 등산객이 애절하게 "택시!"를 외치며 달려온다. 오늘은 행운의 여신이 나에게 손을 흔들어주나 보다. 영실로 돌아오는 중에 한라산은 숨은 보물 한 가지를 슬며시 더 내놓는다. 숲에서 관이 높은 노루가 우리를 바라보고 있다.

소원하던 한라산에 올랐다. 나를 푸르게 물들였던 녹음, 장쾌하면서도 편안한 풍광, 거기다 영실 지형을 녹여 낸 제주인들의 통 큰 상상력, 한 가지 소망을 성취한 뿌듯함이 어우러져, 떠오르는 태양을 껴안은 바다처럼 온몸이 기쁨으로 출렁인다. 오늘

밤 꿈에라도 설문대할망이 은하수를 잡아당겨서 쏟아진 별이 담긴 백록담을 보고 싶다.

온평리 카페에서

카페의 탁 트인 창 너머로 펼쳐진 바다의 광활함과 야성성에 넋을 놓는다. 끊임없이 파도가 밀려온다. 나아갈 길이 없다고 멈추지 않는다. 기어이 끝까지 밀려와 바위에 부딪혀 하얀 물거품을 일으키며 부서진다. 돌진하여 부서질지언정 멈추지 않는다. 곁눈질하며 다른 길을 도모하지 않는다. 목표를 향해 끝없이 달려가는 긍지 높은 젊은이의 기상을 닮았다. 최남선이 '해海에게서 소년에게' 에서 "처얼썩 처얼철 척 튜르릉 꽉./ 따린다, 부순다, 무너바린다."하며 외치던 바다의 기개가 밀려온다.

비가 창문에 기대어 내린다. 작은 물방울들이 만나 좀 더 굵은 빗줄기가 되어 내려간다. 하얗게 부서지는 파도가 창문에 부딪힐 것만 같다. 카페 앞길은 온평리에서 표선해수욕장을 잇는 3코스 올레길이다. 배낭을 지고 걷는 사람, 자전거나 자동차로 이동하는 사람 등 다양한 사람들이 있다. 일부러 전망이 좋은 이 카페를 찾아온 사람도 있지만, 올레길 여행객이 많을 것이다. 이 길은 바다 바로 옆, 해안도로를 끼고 걸을 수 있어서 바다의 아름다움을 만끽할 수 있다.

비를 피해 들어온 사람들로 카페가 북적인다. 노트북을 펴고 여행을 기록하는 사람도 있고, 신혼집 설계를 하는 예비부부도 있다. 온 가족이 여행 온 집은 아이들의 치다꺼리로 분망하다. 나이 지긋한 노부부가 조용히 바다를 바라본다. 친구들끼리 여행 온 사람들의 얼굴에는 웃음이 한가득하다. 다양한 것 같지만 그렇고 그런 평범하고 행복한 한때를 보내고 있는 여행객들이다.

내가 사는 동네에는 낮은 산과 푸근히 흐르는 개천이 있다. 다정다감하고 오밀조밀하여 정감 있는 풍경이다. 제주도는 생육환경이 넉넉한지 소나무의 키도 훨씬 길쭉길쭉했고, 활엽수도 컸다. 아름드리나무가 지천이다. 아열대 식물이라고 생각한 야자나무가 가로수로 펼쳐지고 있다. 고향 마을에 있는 수종이 주를 이루어서 익숙하면서도 생경했다. 드넓은 바다와 울울창창한 산림으로 신비롭기 그지없는 제주도는 내륙에서 온 나에게는 낭만과 휴식의 상징이었다. 시원시원하면서도 색다른 풍광에 흠뻑 빠져 있었다.

망망대해 지하 깊은 곳에서 마그마가 폭발하며 솟은 용암과 화산재가 쌓여 생긴 제주도는 사면이 바다일 수밖에 없다. 이 섬은 지리적 요건으로 하고많은 사연들이 생겼다.

온평리 해안도로도 바다를 타고 밀려 들어오고자 하는 세력과 이곳을 지켜내고자 하는 의지가 충돌했던 치열한 삶의 흔적을 안고 있다. 한없이 아름다운 이 길을 걷다 보면, 무너진 성곽 같은 혹은 그저 돌무더기 같은 것들이 있다. 이 유허지가 온평리 환해장성이다. 고려 원종 때 삼별초를 막기 위해 해안선을 따라 축조되었다. 대몽항쟁 시기에 고려는 강화도를 임시 수도로 삼고 있었는데, 제주도로 천도를 고려하기도 했다. 원에 항복을 거부하고 지속적인 투쟁을 벌였던 삼별초가 제주도를 점령하면서, 거꾸로 관군으로부터 이곳을 방어하는 데 쓰였다. 조선 시대에는 주로 왜구의 침입을 방어하는 데 쓰였다.

육지에서 떨어져 있는 이곳은 전란 때에는 마지막 피란지로, 아니면 침략의 전초기지로 중요한 요충지여서 늘 세월의 흐름에 시달렸다. 고려 때는 말을 키워야 했고, 일제 강점기에는 전쟁 총동원령으로 비행장을 닦고, 어뢰정과 폭탄을 숨길 동굴을 만들어야 했다.

바다의 에메랄드빛은 화산섬이라서 물이 고이지 않고 바다까지 흘러온 용천수랑 바닷물이 합쳐지면서 생긴 현상이었다. 식수가 귀한 제주도에서는 여인들이 바닷가까지 가서 물허벅으로 길어 날랐다. 물도 무겁고 항아리도 무겁다. 반짝이는 에메랄드 물빛에 물허벅을 진 여인들의 모습이 겹쳐 보였다. '우리 마을에는 공동 우물이 있었는데' 하는 생각에, 그네들의 물허벅에 짓눌린 어깨가 안쓰럽게 다가왔다. 아름다운 제주 이면에는 온 힘을 다해 주변 환경을 이겨내며 살아온 제주도민들의 삶이 배어있었다.

앞선 이들의 치열한 한 걸음 한 걸음이 있어서, 일상에서 벗어나 여행하러 와서 카페에 편히 앉아 있다. '내 생애에 무언가 이루고자 온몸으로 부딪친 적은 있었던가. 부서질 줄 알면서도 이런저런 생각하지 않고, 호쾌하게 달려가 본 적이 있었던가' 하는 생각에 잠긴다.

단맛

혼자 먹을 밥을 차리기도 귀찮아서 보말김밥을 먹으러 갔다. 식당 입구에 있는 계산대 옆에 무언가 있었다. 의자에 앉았는데 그것이 자꾸 아는 척한다. 그 이끌림에 뒤통수가 간질간질하다. 뒤돌아보니 지역 특산물 호박엿이었다. 참으로 뜬금없었다. 사탕이나 엿 같은 달콤한 먹거리를 좋아하지 않는다. 이것들은 이에 끈적하게 들러붙어 꼭 이 닦고 싶은 마음이 간절해진다. 그렇지 못하면 꿉꿉하기 그지없어서, 물도 없이 동굴 속에 사는 원시인이 된 기분이다.

오래전에 병원에 입원했을 때가 생각났다. 엄마가 먹고 싶은 것이 있냐고 물었다. '사탕' 이라는 의외의 단어가 달팽이관을 울리고 있었다. 너무나 뜻밖의 대답에 스스로도 어안이 벙벙했다. 5대 영양소를 두루 갖춘 지극히 건강한 식사를 해도 무언가 부족했는데 그것이 좋아하지도 않는 사탕이었다. 하얀 벽으로 둘러싸인 병실에서 쓸쓸함과 아픔을 달래 줄 달곰함이 필요했나 보다. 그 생소한 사탕이 머리맡에 자리 잡고, 달콤한 향을 솔솔 풍겼다. 그것은 미뢰보다 머릿속을 달콤하게 만들었다. 이때 사탕이라는 단 먹거리는 면회객의 사랑의 향기였다.

함께 여행하러 온 아들이 떠나고, 혼자된 지 일주일이 되었다. 의식하지 못했어도 외로움이 자라나고 있었나 보다. 끈적한 호박엿이 그것을 알아채고 눈짓한 것이다. '아차차. 외롭구나' 하는 생각이 퍼뜩 들었다. 나도 모르는 사이에 외로움이 짙어지고 있었다.

군대에서는 초코파이가 멀리 떨어진 군영 정문에만 나타나도 병사들이 알아차린다고 한다. 면회객이 오기를 코가 빠지게 기다려서 생긴 환각 같기도 하다. 집에서는 마음대로 먹다가 군대에서는 그렇지 못한 데서 오는 결핍이라고만 단순히 생각했다. 5주 동안의 신병훈련을 마친 아들은 주먹 하나가 바지에 들락날락할 정도로 말라 있었다. 편했던 육신이 신병훈련으로 힘들었을 뿐만 아니라, 막 시작한 군 생활로 엄청난 불안과 긴장감에 시달렸을 것이다. 이들에게 필요한 것은 말라버린 육체가 요구하는 피곤을 회복할 단맛 이상의 것이었다. 사람들에게 잊히지 않았다고 뇌의 신경세포를 달랠 것이 필요했다. 그래서 면회객은 혀끝으로 느낄 수 있는 지극히 현실적인 단맛인 초코파이와 사탕, 달고 바삭한 과자 등을 들고 가서, 너를 잊지 않고 있다고 늘 사랑한다는 무언의 메시지를 전한다. 신병훈련이라는 큰 고지 하나를 무사히 점령한 아들에게 초코파이는 사랑의 맛이고, 불안을 달래주는 맛일 것이다.

어린아이들은 사탕, 초콜릿, 아이스크림 등 단것을 좋아한다. 끊임없이 움직여 활동량이 많은 어린아이에게는 단것은 심리적인 요인보다는 에너지원 자체일 것이다.

더는 성장하지 않는 어른이 되어서도 단것은 여전히 필요하다. 모임 때 휘핑크림을 잔뜩 얹은 달곰한 음료를 앞에 두고 있을 때가 있다. 겉으로는 깔끔하게 단장하고 다정한 사회적 가면을 쓰고 앉아있어도, 그 이면에는 분위기를 잘 타야 한다는 긴장과 거기에 맞는 적절한 말을 고르려는 마음에 많은 감정노동에 시달린다. 그래서 다디단 음료를 앞에 두고 정신줄을 다독인다. 모임이 끝나면 에너지를 다 빨린 것 같은 기분이 든다. 삶의 고담함 속에서 오는 씁쓸함을 단맛으로 감추려 한다.

아이스크림, 예쁘게 포장된 초콜릿, 비주얼이 화려한 케이크 등을 앞에 둔 싱그러운 젊은이들의 활달한 웃음소리 밑에도 단맛으로 녹여내야 할 자신의 또 다른 자아가 가라앉아 있을지도 모른다. 드러내고 싶지 않은 것과 보여주고 싶은 모습으로 갈등하며 생긴 쓸쓸함과 피로감을 단맛으로 녹여내며, 다른 맛으로 바꾸고 싶어 하는 것일지도 모른다.

다 시들어 쭈그러들 것 같아 정말 호박엿이라도 사러 가야 하나 하고 생각할 때, 전화벨이 울렸다. 핸드폰을 귀에 대니 "엄마, 페이스톡인데 화면을 봐야지." 하는 목소리가 들린다. 아. 고갈되어 가는 심장에 피가 돌기 시작한다. 말라버린 마음에 물이 고이기 시작한다. 메마른 가슴에 여러 색깔의 감정들이 고개를 디민다. 시들어가는 세포에 다디단 것이 스며든다. 호박엿의 유혹이 썰물처럼 빠져나간다.

미뢰가 화산처럼 터지며 너는 외롭지 않다고 다독거리는 맛. 다른 이에게 기억되기를 바라는 맛. 입안 가득 꽃봉오리처럼 피어 고독과 피로를 위로하는 맛, 단맛. 시들어가는 육신이 줄어드는 열정에 대한 그리움으로 너를 부른다. 그 쓸쓸함을 위로하는 다디단 맛, 단맛. 나의 현주소.

전설이 흐르는 빅아일랜드에서

마그마가 살아있는 활화산을 본다는 생각에 마음이 들뜬다. 빅아일랜드의 힐리 공항은 시골 버스정류장처럼 작고 아담하다. 공항에서 나오니 낮은 구릉이 넓게 펼쳐진다. 땅을 기어가는 누런색 풀들이 가득하다. 키 큰 야자수가 많고, 넓은 그늘을 만들어 소들의 휴식처가 되는 반얀 나무가 무성한 오아후섬과는 달리 척박하다.

투명한 하늘 아래 드문드문 집이 있고, 사람은 거의 보이지 않는다. 고요함과 한적함이 느긋하고 평화스럽다. 전라도 사투리를 쓰는 가이드가 저 집은 아이들이 11명이라느니, 저 집은 생강 농사를 한다느니 하는 설명에 우리네 시골 동네를 드라이브하는 듯한 착각에 빠진다. 하지만 차창 밖에는 내 키를 훌쩍 넘는, 칸나 같은 넓은 잎을 단 생강이 새빨간 큰 꽃을 피우고 있다. 이

국적인 풍취를 물씬 풍긴다. 정열적인 꽃을 피우는 생강은 관상용으로도 사랑받는다고 한다. 이렇게 큰 생강에서 생산돼서 그런지, 뿌리도 우리나라 생강보다 몇 배나 크다. 여러 가지 색깔의 생강꽃에 새삼 여기가 남국이라는 생각에 젖는다.

어느덧 차는 키 큰 나무들로 우거진 숲으로 나아가고 있다. 대나무도 하늘을 가릴 정도로 크다. 절제의 미덕을 자랑하는 사군자 중 하나인 대나무라기보다는 생명력을 창출하는 신으로 재탄생한 것 같다. 오하우섬에서 새우요리가 자주 나오더니 아카카폭포에 이르는 계곡에도 새우와 물고기들이 서식하고 있다.

우거진 원시림 사이로 멀리 135m나 되는 아카카폭포가 힘차게 흐른다. 비가 온 뒤에는 무지개가 피어오르기도 한다는데, 너무나 쾌청해서 볼 수 없다. '아카카'는 호노무 마을에 살던 신의 이름이다. 그는 잘생긴 유부남인데, 주변 여인들의 사랑을 한몸에 받았던 모양이다. 아내가 친정에 간 사이에 바람이 났는데, 예정보다 일찍 돌아온 아내에게 들켜서 도망가다가 폭포에 떨어져 돌이 되었다. 그를 몹시 사랑한 아내도 폭포에 떨어져 돌이 되었다고 하는 이야기가 전해진다.

장엄한 자연에는 거기에 매료된 사람들의 이야기가 있다. 잘못을 저질러도 누군가는 끝까지 사랑해주기를 바라는 염원이 아름다운 폭포에 투영된 것 같다. 사람들의 삶이 깃든 이런 전설로

폭포는 한층 아름다워 보인다. 작은 새우와 물고기가 알을 낳고 번식하기 위해 이 폭포를 거슬러 오르듯 인간도 여기서 적응하기 위해 끝없이 노력했을 것이다.

오늘의 하이라이트인 화산국립공원으로 가기 위해 발길을 돌린다. 먼저 킬라우에아 방문자센터를 들렀다. 2018년에 용암이 분출해서, 도로가 유실되고 800여 명이 죽었다고 한다. 용암이 해변으로 흘러 들어가 빅아일랜드 영토가 늘어났다고 하니, 엄청나게 폭발했을 것이다. 지금도 여기저기에서 가스가 하얗게 분출하고 유황 냄새가 난다. 화산 폭발과 사람들의 비명으로 아수라장이었을 그때를 생각한다. 이 지역은 화산 분출의 위험으로 사람들이 살지 못한다. 키 큰 나무도 없고, 누런색 풀들과 까만 현무암만 가득하다.

시뻘건 용암을 봤으면 했지만 볼 수 없었다. 얼마 전에도 갑자기 분출한 가스로 가이드가 죽었다고 한다. 아직도 땅 밑으로 마그마가 흐르고 있어 펠레 여신이 살고 있을 것만 같다.

자연의 거대한 힘에 대한 두려움과 경외심으로 많은 이야기가 생겨난다. 차도 주변에는 자귀나무꽃처럼 생긴 빨간 꽃이 자주 눈에 띈다. 이 나무 이름은 오히아나무. 오히아는 화산의 여신 펠레가 사랑한 잘생긴 청년이다. 그에게는 레후아라는 사랑하는 여인이 있어서, 여신은 사랑을 이룰 수 없었다. 펠레는 사랑하는 사람을 자신의 궁전에 초대한 것인지도 모른다. 하지만 약하디 약한 인간인 오히아는 거기서 살아갈 수 없었다. 그가 용암에 빠져 죽었는데, 펠레가 그를 나무로 환생시킨 것이라고 한다. 레후아는 그를 못 잊어 이 나무의 꽃이 되었다. 꽃을 따면 그녀가 오히아와 헤어짐이 슬퍼서 비가 되어 내린다고 한다. 이 지역에서 유일하게 자랄 수 있는 나무라서 이런 전설이 생긴 듯하다. 해안으로 흘러내린 용암이 긴 머리 펠레 여신의 모습을 구현하고 있다.

화산지대에서 인간이 생존하기는 너무나 힘들었던 모양이다. 대자연의 힘에 굴복하는 인간의 모습을 엿볼 수 있다. 그래도 자연은 마냥 야박하지만은 않다. 풀밖에 자라지 못하는 이 지역에 오히아나무를 자라게 하고 꽃을 피우게 했다. 꿀을 채취할 수 있었고, 이 꿀이 하와이 특산물이 되었다.

빅아일랜드는 푸른 바다와 넓은 토지로 평화롭고 안락해 보인다. 거주하기 좋은 땅처럼 보인다. 인구도 적어 경쟁도 심하지 않고, 문명을 발달시키고자 욕심부리지도 않는다. 무슨 이유에서인지 사면이 바다인데도 어업이 발달하지 않았다. 아마도 인구가 적어서 육지 내의 생업으로도 생계가 해결되는 듯하다. 그렇지만 바닷가에 있던 학교를 쓸어버릴 정도로 해일이 밀려오고 한쪽 면은 화산지대라서 위험이 늘 도사리고 있다. 어디에 사나 삶이 힘겹기는 마찬가지인가 보다.

외지인의 눈으로 볼 때 공해라고는 찾아볼 수 없는 복된 땅처럼 보이지만, 현지인에게는 섬 밖으로 나가기 어려운 족쇄일지도 모른다. 이런 환경이 사랑을 찾게 하고, 전설 같은 이야기를 만들어 고단한 삶을 스스로 위로했는지도 모른다. 이 땅에 적응하고 극복하며, 지금과 같은 모습으로 살아가게 되었을 것이다.

| 서평 |

기억, 함께 만든 소중한 추억

권 희 돈(문학평론가)

1

안인숙 수필가의 첫 번째 수필집 『생각꽃』에 이어, 두 번째 수필집 『말을 건네는 시간들』이 햇빛을 보았다. 세상에 없던 창작물이 나오기까지 겪었을 고뇌의 시간들에 힘찬 응원의 박수를 보낸다. 44편의 글 모두가 기억의 조각과 유기적인 관련을 맺고 있는 특징을 보인다.

원고를 읽으면서 모든 것은 순간에 지나가고 지나간 것은 다시 그리워진다고 노래했던 푸시킨의 「삶」이 연상되기도 하고, 지나간 것은 무의식의 저장고에 숨어 있다가 꿈조각처럼 나타난다는 카를 구스타프 융의 분석심리학이 연상되기도 하였다.

기억의 조각이 작품에 관여하는 방식은 작품마다 모두 다르긴 하지만, 여기에서는 편의상 네 가지의 유형으로 나누어 각각 그 특징을 살펴보고자 한다. 이 네 가지 유형은 장소의 기억, 사람의 기억, 감정과 감각의 기억 그리고 기억이 생산하는 사색의 길이 되겠다.

2

장소는 사람이나 사물이 점유한 일정한 규모를 지닌 공간이다. 그 장소에서 삶이 이어지고 문화가 형성되어 한 인간의 정체성이 형성된다. 화자(내포작가)의 기억 속에서 나온 강력한 장소는 어린 시절 살던 집이었다. 많은 시간이 흘렀지만, 그 집에 대한 장소애(場所愛)는 화자의 심리적 공간에 에덴동산 같은 편안하고 이상적인 공간으로 인식되고 있다.

> "우리 집은 작은 사거리에 자리 잡고 있었다. 길 건너편 집이 단층이어서 그늘을 드리우지 않았고, 행인이 적어서 조용했다. 앞마당 화단에는 채송화, 봉숭

아가 꽃을 피우고, 앵두나무에는 빨간 앵두가 다글다글 달렸다 … 토끼처럼 자매도 많았다. 여덟 자매는 두리반에 차려진 밥을 토끼처럼 오물오물 먹고 자랐다."(「도깨비 터」)

사람들은 이 집을 도깨비 터라고 하였지만, 화자의 자매들에게는 평안을 주는 장소였다. 경제적으로는 힘들었지만, 부모님은 희망의 끈을 놓지 않고 헌신적으로 교육을 시켰다. 그 덕으로 여덟 자매가 다 꿋꿋이 앞길을 헤쳐 나갔다. 도깨비 터가 일이 잘 풀리는 집으로 바뀐 것이다.

"나이 든 지금도 힘든 일, 좋은 일을 겪으며 이런저런 이야기를 만들어 갔던 그 집이 그립다. 마당에서 우리는 서로 머리를 잘라 주었다. 잘 자른다고 해도 머리끝이 비뚤배뚤했다. 끝을 고르다 보니 어느덧 깡똥해졌다. 선생님께서 너무 짧게 자르지 말라고 하시던 말씀이 들리는 것 같다. 그때는 머리숱이 참 풍성했었다."(「도깨비 터」)

사람이 살아가는 곳에 어찌 평탄한 일만 있겠는가? 우여곡절

파란만장한 일을 겪으면서 숱한 이야기들이 있었을 것. 지나간 일이기 때문에 다시는 돌아오지 않을 일이기 때문에 그때가 그리웁고, 그때의 자매들 그때의 부모님뿐만 아니라 그때의 선생님 그때의 풍성한 머리카락 그리고 그때의 풍경이 모두 다 그리웁다.

그리움이란 만나보고 싶고, 보고 싶은 마음이 애틋하고 간절한 심정일 터. 그리하여 그 시절로 돌아가, 뭉게뭉게 피어오르는 구름에 강아지 황소 같은 이름을 지어주고 싶고, 밤이면 별이 얼마나 많이 떴는지 헤아려 보고, 언니 동생과 별이름 맞추기를 하고 싶고, 연탄보일러 주변에 죽 늘어놓았던 여덟 켤레 운동화가 보고 싶은 것이다.

어린 시절 고향집이 평화로운 공간으로 기억된다면, 지금 살고 있는 아파트는 마을공동체 정신을 상실한 메마른 공간으로 기억된다. 여럿이 함께 살지만, 사람과 사람 사이 소통이 단절되어 있어 고독한 공간이다. 모두가 공장에서 찍어낸 상품처럼 획일화되어 있다. 같은 위치에서 잠을 자고, 같은 위치에서 밥을 먹고, 같은 위치에서 TV를 본다.

"아파트는 갈수록 고층화되어 가고, 골목길은 하늘이 보이지 않는 복도로 바뀌었다. 고속 엘리베이터가

> 집 앞까지 데려다주니 이웃 주민을 만날 일도 별로 없다. 답답한 복도에서 만난다고 해도, 무슨 정담이 오고 가겠는가. 사람들은 갈수록 조밀하게 살지만 서로 간의 거리는 멀어져만 간다."(「나는 아파트에 산다」)

부풀어 오르는 현대인의 욕망처럼 아파트는 점차 고층으로 바뀐다. 사람과 사람이 수평적인 공간에서 만나는 것이 아니라 욕망의 공간에서 높낮이로 만난다. 오직 아파트의 크기가 사람을 판별하는 기준이 된다. 수평적인 공간에서 이웃 공동체로 만나는 것이 아니라 차별화된 기준으로 이웃을 만나니 소통이 제대로 될 리가 없다. 그럼에도 불구하고 현대인은 모순되게도 이런 감옥 같은 공간에서 탈출할 수 없다는 사실이 비극적이다.

그리하여 화자는 이렇게 꿈이라도 꾸어 보는 것이다.

> "마음은 늘 아파트가 아닌 다른 집에서 산다. 산 밑에 깃든 작은 마을이나 돌킨의 『반지의 제왕』에 나오는 호빗이 사는 호빗굴 같은 정겨운 곳이다. 집 앞에는 텃밭이 있고, 소박한 꽃도 피어 있다. 이웃과 음식을 나누어 먹으며, 슬픈 일 기쁜 일 함께한다. 공동육

아를 하며, 이웃 주민이 생산한 물건을 소비하며 산다. 서로의 장단점을 보완하며 삶을 꾸린다."

(「나는 아파트에 산다」)

3

지나간 시간 모든 사람을 다 기억할 순 없지만 특별한 사람은 기억한다. 오랜 시간을 살아도 사람에 대한 특별한 기억은 소수의 사람으로 한정되어 있다. 그중 1순위로 꼽을 수 있는 사람이 어머니이다. 어머니는 자식에게 완전한 사랑을 주기 때문이라 생각한다. 『말을 건네는 시간들』에서 보이는 사람에 대한 기억도 첫째가 어머니에 대한 기억이다.

"마지막 새 옷을 입고 새 신을 신으셨다. 머리를 곱게 빗어넘기고 화장하고 향수도 뿌렸다. 주변을 하얀 꽃으로 단장했다. 좁은 뜨락이라도 꽃을 피워내시더니 이제는 장례도우미가 챙겨온 국화꽃다발을 묵연히 받고 있다. 저 꽃이 내가 서천 꽃밭에서 얻어온 뼈살이꽃, 살살이꽃, 숨살이꽃이었다면 얼마나 좋았을까. 받기만 했지 뭐 하나 해 드린 것이 없어, 서걱거리는 가슴에 비안개 자욱이 쌓였다.”(「비」)

어머니가 이제 막 이승을 떠나기 직전의 모습을 기억하는 장면이다. 마지막 가는 길에 다다르기를 바라는 서방정토(西方淨土)에서 가져온 꽃을 드리고 싶다. 오직 자식을 위해 희생과 헌신만을 해 오신 어머니, 그러나 자식으로서는 회한(悔恨)만 남아 하늘이 무너지고 땅이 꺼지는 슬픔을 가눌 길이 있을까?

화자는 이 짧은 순간에 마당을 가로지르는 빨랫줄의 눈부신 기저귀의 이미지를 떠올리고, 여덟 자매에게 베푼 자상하고 따뜻한 사랑을 추억하고, 검질긴 생활고를 이겨내신 숭고함을 기억한다.

어머니가 떠나셨지만 무시로 엄마가 떠오른다. 딸의 음식 솜씨도 엄마를 닮아 푸짐하게 하고, 딸만 여덟 낳아 속상해서 우시는 모습, 합병증으로 고생하시는 모습, 전화기를 보다가도 엄마 생각, 옷가게를 지나면서도 엄마 생각, 맛있는 음식을 봐도, 아이들이 취업했을 때도 엄마 생각이 난다. 엄마는 세상과 나를 이어주는 연결고리이고, 방향을 찾아주는 나침반이있다. 엄마의 얼굴이 환시(幻視)로도 보이고, 엄마의 목소리가 환청(幻聽)으로도 들린다.

“내 노스탤지어의 손수건은 어린 시절을 향해 흔들

리고 있었다. 그때는 어머니와 보이지 않는 탯줄로 이어진 것 같아서, 어머니가 나와 전혀 다른 존재임도 몰랐다. 어머니는 세상 그 자체였다. 이 시절에는 잘 잘못도, 먹고 사는 것도 어른들의 몫이라서 누구나 지고 있다는 자기 몫의 멍에도, 끊임없이 노력해야 한다는 것도 몰랐다. 어머니가 주는 것을 먹고, 그 품에서 살면 됐다. 에덴의 동산 같은 이 시간이 영원할 것 같았다."(「기억을 건너며」)

어머니는 자연과 같다. 인간이 자연의 품에 안길 때 평안을 얻듯이, 자식은 어머니의 품 안에 있을 때 평안을 느낀다. 자연이 아낌없이 주기만 하듯이 어머니는 다 주고 나서 더 줄 것이 없어 아쉬움을 갖는다. 그러나 인간사회가 커져서 자연으로부터 떨어져 나가듯이 자식도 성장하면 어머니로부터 떨어져 나간다. 그때 자식이 가는 곳이 사나운 바람이 날리는 거친 대지 즉 황무지(荒蕪地)이다. 『말을 건네는 시간들』에서 화자는 그런 황무지에서 좌표를 잃었을 때도 결연히 일어설 수 있었던 것은 판도라상자 속의 희망처럼 어머니의 냄새에 대한 기억이 있었기에 가능했다고 회상한다.

어머니에 대한 기억이 무한한 사랑이라면 자식에 대한 기억은 기쁨의 선물이다. 아들딸이 태어나면서 화자의 삶은 알록달록하게 물들었고, 무의미한 일상에서 건져 올려져 허전한 마음이 줄어들었다.

> "큰딸이 유치원 다닐 때였다. 밥투정하는 동생에게 '장난감 기차가 칙칙 떠나간다. 과자와 사탕을 싣고서' 라고 노래를 부르며 '입도 참 커. 칙~ 폭~' 하면서 숟가락을 기차처럼 앞으로 전진시켜 동생의 입에 밥을 넣었다. 큰딸의 재치는 집안을 환하게 해 주었다. 아들이 초등학교 2학년 때였다. 달걀부침 두 개를 해서 하나를 먹고, 귀퉁이를 조금 잘라 먹은 나머지 한 개는 누나 몫으로 남겨놓았다. 하나를 마저 먹고 싶은 것을 참는 모습이 떠올라 웃음이 절로 났다."(「선물」)

시간이 아무리 흘러도 잊히지 않을 행복한 기억이다. 어느 부모에게나 마찬가지로 아들딸이 자라면서 친구도 사귀고 취업을 고민하면서 걱정거리를 가져오기도 한다. 아들딸은 어떤 때는 햇빛도 비추어주는가 하면, 비도 내리게 하고, 눈이 하얗게 쌓이게도 하고, 삶의 기운을 나누어주기도 하고, 사는 것이 어떤 것인지 알아가게도 한다. 화자의 삶에 석양빛이 감돌고 있지만, 그럼에도 불구하고 아들딸은 분명 이번 생에 삶의 의미를 깨닫게 하는 선물임이 틀림없다.

4

『말을 건네는 시간들』에서 기억은 장소의 기억 혹은 사람의 기억으로 떠오르기도 하지만, 수줍음 같은 감정이나 향기와 맛과 같은 감각으로 떠올려지기도 한다.

특히 화자가 숫기가 없어서 다른 사람 앞에서 말이나 행동을 하는 것이 어렵거나 부끄러워했던 일들은 특별한 기억이다. 일종의 아픔이기에 이로 인한 기억은 생체험처럼 떠오른다. 초등학교부터 내향적이고 수줍어하는 성격은 상급학교를 마치고 직장 생활할 때까지도 마찬가지였다고 한다. 그래서 수줍어서 불편했던 일이 연이어서 일어났을 것이다.

> "성인이 되어 직장 생활할 때도 변함이 없었다. 직장 동료한테 무언가를 전달하러 갔는데 동료가 차 마시고 가라 했다. 나는 벌써 할 말도 없고 어색해서 바

뻐다는 핑계를 대고 돌아왔다. 다른 사람과 친해질 기회는 늘 새가 되어 날아갔다."(「수줍음」)

수줍음 때문에 겪었을 불편한 감정을 어느 한 시기 어느 한 장면에서라도 속 시원하게 해소했더라면 하는 생각이 든다. 다행히 이젠 능청도 떨고 아직도 외향적이었으면 하는 마음이 들기도 하지만, 그럼에도 불구하고 화자는 본래 내 것이 아님을 인정하며, 수줍음으로 인하여 느꼈던 아쉬움을 달랜다.

감정의 기억 못지않게 때로는 향기와 냄새의 기억이 강하게 떠오를 때가 있다.

"보글보글 찻물 끓는 소리가 들린다. 크리스마스차를 우리니, 꽃이 가득 핀 들판에서 싱그러운 향기가 불어오는 듯하다. 꽃이 활짝 피어난다는 착각에 빠진다. 찻잔을 가만히 들어 향기를 맡는나. 자를 한 모금 마신다. 엳은 녹색 찻물이 온몸에 퍼진다. 맑은 바람 소리와 부드러운 햇볕이 이런 차를 만들었으리라. 꽃내음 가볍게 도는 차향이 오늘 하루를 어떻게 지낼 것인지, 기분은 어떤지 묻는다. 차향에 응답하듯 차벗들의 소소한 이야기가 흘러나온다.”(「차향은 깊어지고」)

한곳에 집중하기를 좋아하는 화자의 성정에 잘 어울리는 글이다. 보글보글, 싱그러운, 활짝, 향기, 마신다, 녹색 찻물, 온몸에 퍼진다, 맑은 바람 소리, 부드러운 햇빛, 꽃내음 등등. 이 짧은 글 속에 시각, 청각, 미각, 후각, 촉각 등등 다섯 가지 감각을 총동원시켜 표현하고 있다. 그만큼 차 맛에 심취된 기억이리라. 마치 형형색색 꽃다툼하는, 그 위에 벌이 윙윙거리고 나비가 할랑거리는 잘 가꾼 꽃밭 앞에 서 있는 느낌이 든다.

이 외에도 화자의 감각에 대한 기억은 화자만의 독특한 개성으로 표현되기도 한다. 가령 ‘어머니 냄새가 배어 있는 어린 시절의 기억’(「기억을 건너며」)이라든가 ‘아침도 거르고 출근한 아들 생각에 밥 냄새가 비릿하다’(「살며 배워가며」)든가 ‘모과 향기 묻은 바람이 기억의 언저리에 내려앉았다’(「모과」)고 하는 표현들은 추상적인 내용을 감각화 하여 생기 넘치는 이미지를 생성해 낸 표현들이다.

5

기억은 생각을 낳고 생각은 깊은 곳에 닿는다. 화자의 생각을 좇아가다 보면 어느새 사색의 강줄기를 따라가는 듯하다. 이는 독특한 개성적 글쓰기로 안인숙의 수필문법인 셈이다.

> "병원에 갔더니, 그것은 이명의 시작이란다. 의사 선생님이 이명은 양쪽 귀의 청력에 차이가 생겨서 균형을 맞추기 위해 난다고 한다."(「균형」)

안인숙의 글쓰기의 특징은 이처럼 한 바가지 마중물 같은 소재를 잡아서 사회의 보편적인 문제로 확장시켜 간다. 한 단계 한 단계 펼쳐지는 책갈피 사이사이에 사색의 공간이 자리 잡는다. 삶이란 '서로 꼭 믿어서가 아니라, 이 세상 한 모서리에서 같은 시각, 같은 장소를 우연이라도 스치는 인연에 기대어 살기 때문일 것이다.'(「어딘가에 기대어 살아가는」) 책 읽기를 통해서 '상상의 나래를 펴고' '현실의 결핍을 채우고' '꿈을 꾸고' '작은 나를 괜찮은 나' 로 키운다. 읽고 배우는 것이 좋아 무심천에서도 배우고 강태공에게서도 배운다. 성급하게 선택하는 조바심보다는 낚시꾼의 기다릴 줄 아는 인내심과 세상 읽는 눈을 배워야 한다고 생각하는 성찰적인 태도를 보며, 우리는 화자에게서 풍기는 향기를 맡을 수 있다. 그 향기는 널리 무심천 물속까지 퍼진다. 안인숙이 닿고 싶어 하는 심리적 공간인 이상향이 물속에서 황홀하게 재현되고 있다.

"물속 도시에서는 짓누르는 힘겨움 속에서도 삶이 금가루처럼 반짝거린다. 일한 만큼 거두며, 노력한 만큼 발전한다. 사람들이 대화로 소통할 줄 안다. 서로의 차이가 아니라 다름을 인정한다. 살아가는 문제들이 조금씩 가벼워진다."(「물속에 거꾸로 선 도시에서는」)

선가(禪家)의 『전등록(傳燈錄)』에 전해 내려오는 아포리즘에 의하면, 타인을 볼 때 물속에 거꾸로 서 있는 그림자(현상)같이 보지 말고 물 밖에 바로 서 있는 실체를 보듯 하라고 한다. 만약 안인숙이 물속에 거꾸로 선 풍경을 이처럼 해석하였다면, 그 해석은 관습적 상징을 그대로 따라 한 개성 없는 글이 되었을 것이다.

그러나 안인숙은 사람들이 타인을 물속의 거꾸로 선 물체처럼 보는 시각을 관습적으로 표현하지 않고 오히려 그 반대로 그리고 있다. 물속의 거꾸로 선 도시는 물 밖의 세상과는 반대의 의미를 가지는 도시로 그리고 있다. 그 발상이 안인숙의 개성을 돋보이게 하고, 안인숙의 글쓰기의 가능성을 활짝 열어놓는다.

그곳은 단절과 차별과 불평등이 횡행하는 타락한 현실사회가 아니라 사랑과 이해와 따스함이 흘러넘치는 이상사회(Utopia)다.

그곳에서는 고금(古今)이 공존하고, 일한 만큼 받고, 삶의 문제 속에서 진주를 찾고, 차이만 있을 뿐 차별은 존재하지 않으며, 고독한 죽음은 있을 수도 없는 평등과 배려의 사회이다.

사람들 사이에서 소외되어 스스로 섬이 되어 갈수록 혼자만 남는 절체절명의 고독과 불안한 삶이 현실임을 깨닫고 상상 속에서나마 이상향을 꿈꾸어 보는 것이다.

안인숙의 이상향은 기억의 조각을 생각으로 붙잡아 기억과 생각과 상상력이 융합된 꿈의 세계이다. 허균의 『홍길동전』에 나오는 이상적인 섬, 도연명의 『도화원기(桃花源記)』, 토마스만의 『유토피아』 등등 옛 문장의 대가들이나 철학자들도 그려보는 세계였다.

이렇듯 생각이 무르익어 상상력과 결합하여 가면 짧은 글로도 마음껏 자기만의 글밭을 풍성하게 가꾸리라. 글쓰기의 재미를 즐기는 가운데 메시지도 반짝 던져 주리라. 먼지 하나에 우주를 담아내고 움켜쥔 손에는 영원한 시간을 담을 수 있으리라.

(時雨)

말을 건네는 시간들

인 쇄 2022년 11월 25일
발 행 2022년 11월 30일
발행인 안인숙
인쇄처 도서출판 한솔
충북 청주시 서원구 모충로145번길 5-6(사직동)
전화 : 043) 264-3079 / 8341
등록 제아32호(1987년 12월 3일)

ISBN 978-89-91475-57-1 03810
값 13,000원

* 이 책은 충청북도 충북문화재단 의 후원으로 문화예술육성지원사업의 일환으로 지원받아 발간되었음.